U0799002

给女孩的身体书

[美] 凯莉 · 邓纳姆　著　　[美] 劳拉 · 塔拉迪　绘
张越　译

中信出版集团 | 北京

图书在版编目（CIP）数据

给女孩的身体书 / (美) 凯莉 · 邓纳姆著 ; (美) 劳拉 · 塔拉迪绘 ; 张越译. -- 北京 : 中信出版社, 2020.9（2026.1重印）

书名原文: The Girl's Body Book

ISBN 978-7-5217-2041-9

Ⅰ. ①给… Ⅱ. ①凯… ②劳… ③张… Ⅲ. ①女性－青春期－家庭教育 Ⅳ. ①G782

中国版本图书馆CIP数据核字(2020)第124455号

给女孩的身体书

著　　者：[美] 凯莉 · 邓纳姆

绘　　者：[美] 劳拉 · 塔拉迪

译　　者：张越

出版发行：中信出版集团股份有限公司

（北京市朝阳区东三环北路27号嘉铭中心　邮编　100020）

承 印 者：北京启航东方印刷有限公司

开　　本：787mm × 1092mm　1/16　　印　　张：8.75　　字　　数：100 千字

版　　次：2020 年 9 月第 1 版　　印　　次：2026年1月第30次印刷

京权图字：01-2020-5037

书　　号：ISBN 978-7-5217-2041-9

定　　价：39.80 元

出　　品：中信儿童书店

图书策划：知学园

策划编辑：姜晓娜　韩晗　　责任编辑：温慧　　营销编辑：张超　李雅希　王姜玉珏

装帧设计：韩莹莹　　内文排版：王莹

序言

选择关乎命运

作为一名教育工作者，我非常喜欢这本《给女孩的身体书》。凯莉·邓纳姆用通俗易懂的语言，将青春期女孩的生理和心理特征实事求是地呈现了出来，从而帮助女孩们正确认识青春期的自己。在与世界各地学生交流的过程中，我发现：他们需要有坚实的事实基础才能做出恰当的决定。年轻人的命运并不完全取决于机遇，而是取决于选择。

在过去30多年的工作中，我一直在与中小学生和大学生打交道，主要关注的是学生非法饮酒等问题。我发现，现在的年轻人承受着来自同龄人的巨大压力，有时候为了合群，不得不随波逐流。尽管已经有很多人付出了巨大的努力，但是非法饮酒等问题在美国长期存在着。不管我们说什么，有些青少年总是一意孤行。我认为，非法饮酒等问题，大都源自同伴压力。因此，我创建了美国反酒驾学生联盟（Students Against Driving Drunk，SADD）。

在联盟开展工作的过程中，我发现，非法饮酒等问题主要出现在年轻人当中，所以解决这些问题的关键也在他们自己身上。为了解决这个严重的问题，我们首先要从现象分析入手，逐步探究问题的根源。根据多年与青少年打交道的经验，我认为，青少年酒后驾驶的原因主要有两个：一是与父母沟通较少，二是每天都要面对同伴的压力，甚至因此做一些违背本意的事情。尽管我们下定决心要为孩子们提供一个健康的环境，但调查数据却表明，我们的种种努力并没有得到正视。但我相信，如果我们能为孩子们提供更多相应的真实信息，他们就能够在所掌握信息的基础上，更全面地考虑问题，从而做出负责任的决定。这意味着他们必须要自尊、自信、自爱、心理成熟并有自我管理能力，只有这样，他们才能接收并正确分析各类信息，避免做高风险的事。

《给女孩的身体书》话题广泛，内容丰富，可以为年轻女孩们提供正确的信息，帮助她们在人生旅途中做出恰当的选择。我希望所有阅读这本书的女孩子，都能更好地了解自己的身体，学会处理青春期的许多压力，从而更好地学习与生活。如果你家有即将迈入青春期的孩子，就赶紧和孩子一起读这本书吧。你们一定能从这本书中找到孩子们在成长过程中可能遇到的诸多问题的答案。这本书还有可能为你和孩子开启健康对话的大门，破解父母与青春期孩子间的沟通密码。

罗伯特·阿纳斯塔斯

（美国反酒驾学生联盟创始人）

目录

第三章

情感与交友

第四章

家人的期许和要求：家庭生活

第五章

不断变化的世界，不断变化的你

第六章

在真实世界和网络世界里保护自己

第七章

由混乱席卷来的压力

第八章

为你的未来做好准备

引言

人生大变化
就要来啦

在你生命的这个阶段，似乎一切都在悄悄地发生着变化！

你的身体正在变化。

你的感受正在变化。

你与朋友和家人的关系也正在变化。

这似乎让你很困惑、烦躁，不是吗？

首先，你会发现自己的身体正在经历一些变化。曾经平坦的地方开始隆起，曾经光滑的地方长出毛发。

你的爱好和情绪也会发生变化，你注意到了吗？以前喜欢的东西，现在可能不喜欢了。有些时候，你还会莫名地开心、难过，甚至暴躁。

你也许会渐渐发现，周围人对你的态度也在发生变化。有些男孩一遇到你，就可能变得怪怪的，而你的朋友们似乎也在经历这些变化。

为什么会出现这么多变化呢？那是因为你长大了，就要进入人生的新阶段啦。有时候，你感觉自己还没反应过来就被卷入了“旋风”中：你刚刚学会怎么当小孩，而且越来越得心应手了，却发现自己的身体开始发生变化；随后又发现你对自己、家人及朋友的感受也变了。你身边的大人们也开始跟你说“就要变成大人啦”之类的话，可是偏偏没有人问问你想不想变化，是不是还想做一个小女孩！

欢迎你来到这个奇妙的人生新阶段——青春期。你可能认为现在的你很倒霉，不过我们保证，尽管青春期可能充满“艰难险阻”，但也乐趣多多。

希望本书能够引领你度过青春期，迎接更有挑战性的未来。无论这本书是别人送的，还是你自己买的，反正现在都是你的啦！当然，除非你是从图书馆借来的。现在，你想怎么看就怎么看，相信你一定会喜欢的。

你会在这本书里找到一些解释内心疑惑的答案，比如自己的身体在当下及未来会发生哪些变化。你既可以带着问题去书中寻找答案，只读与答案有关的章节，也可以从头看到尾，或者通过查看目录，查找那些你最想了解的话题。当然，这本小小的书肯定回答不了你所有的问题，因为你的生活总有些与众不同的地方，让你烦恼或者不安。如果你在阅读过程中发现任何让你害怕或者产生疑问的地方，可以找一个在你生活中可以谈心的大人，把这些问题聊清楚。

不过呢，你还要了解一件事，那就是尽管大人们都已经度过了青春期，但这并不代表他们能够很自如地应对这方面的话题。就像你自己一样，大人们在聊到这些话题的时候，可能也会觉得尴尬，甚至有些抵触。你可以把这本书当作话题的引子。有时候借助一下别的东西，能让谈话变得更容易一些。

尽管青春期充满了或多或少的挑战，但你不用害怕。有很多大人爱着你，愿意帮你把事情理顺；你的朋友们正处在类似的变化中，所以他们也能和你有共同语言；你获得了有用的信息，而且有自己的想法。这些都能帮助你更加平稳地度过青春期。

祝你在成长的道路上一切顺利。相信自己，你没问题的！

第一章

从这里开始：青春期概览

你是不是对自己的身体那些里里外外的变化有些疑惑？其实，疑惑的不止你一个人。对你来说，变化才刚刚开始。无论你是否已经开始经历本书中所描述的身体变化，掌握相关的准确知识都会帮助你更加平稳地度过这个阶段，还可能帮你稍稍缓解一下内心的压力。

无论你是否做好了准备，青春期总会到来。就像老师们一遍又一遍说的那样，知识就是力量，提前了解自己的身体将会发生哪些变化，可以帮助你做好准备，更好地迎接青春期的到来。

在青春期，女孩的身体会发生很多变化。掌握准确的信息是至关重要的，你最好跟身边的成年人多聊一聊。也许你的朋友掌握的信息也不少，但这些信息有可能是错误的。

专家说

啊，那个关键词——青春期，又出现了。父母、老师和朋友们口中的“青春期”到底是什么意思，跟你又有什么关系呢？

青春期是身体的快速发育阶段，你会逐渐从一个孩子变成一个成年人。在这个阶段，身体会发生许多变化，其中有些变化可以从外部看到，而有些变化则是在身体内部发生的。通常，女孩想到青春期、想到长大，脑海中浮现的往往是生理周期。尽管初潮来临是青春期开始的明显征兆，但青春期涉及的变化还会在其他方面有很多体现。

女孩，我来为你解读身体为何变化

青春期的变化是从脑垂体开始的。也许你不知道，脑垂体位于丘脑下部，它向女孩腹中的两个卵巢发送化学信号，卵巢就会开始发育，并且产生雌激素。

激素是一种对你的身体起到重要调节作用的化学物质，它像你身体发育的指令官。雌激素对于青春期的女孩来说是起主要作用的激素，睾酮则是对青春期男孩起主要作用的激素。

青春期的时间线

通常来说，新分泌的雌激素发挥的作用首先体现在身体的快速生长上。一般情况下，手和脚是最先开始长大的，然后你就会长高，臀部会变宽，腰部会变得更加有型。在初潮来临时，身体的快速生长有可能会放缓，不过大多数女孩在来月经之后，仍然会继续长高四五厘米。

伴随着身体的生长，胸部的第一个发育阶段也开始了。在这个阶段初始，你的乳腺开始发育，在乳头和周边颜色更深的皮肤（乳晕）周围，开始出现小丘状隆起。一侧乳房先发育，另一侧后发育的情况很常见。乳房刚发育的时候，你可能会觉得有一点点疼，这是很正常的。当你的乳房变得越来越浑圆饱满的时候，这种痛感会慢慢消失。

乳房开始发育的时候，大多数女孩也开始长阴毛，也就是阴阜皮肤上的毛发。阴毛一开始可能长得并不多，还又直又细。大约半年后，腋下可能也开始生长毛发。不过，有些女孩直到青春期进入尾声才开始长腋毛。

也许，你的内裤上会开始出现浅黄色或者白色的污渍，这些是阴道分泌物，它们是身体自我清洁环节的一部分。阴

道分泌物的出现也给了你一个每天更换内裤的理由。

起起伏伏的情绪

你有没有这样的体验，原本这一刻还很开心，下一刻就变得暴躁起来，半个小时之后又开始伤心？欢迎体验青春期中最艰难的部分之一——情绪波动。

情绪波动至少是由两个原因造成的。第一个原因就是你身体内激素的变化。是的，就是那个扰动你心情的雌激素！第二个原因是你在世界上所处的位置总是在不断变化。青春期是连接女孩和女人的桥梁，有时候，你可能觉得自己已经不再是从前那个小女孩了，但也没有成熟到和周围的成年女性一样的地步。虽然你已经不再是个孩子了，但有时候，你仍然感觉自己的内心还住着一个孩子，想做一些孩子气的事情。从另一方面来说，尽管处在变化中的你想要，而且需要获得更强的独立性，却还没有为肩负起作为成年人的责任做好准备。你可能会觉得无所适从，仿佛根本没有人能够明白你在经历着什么。

你要知道的事

有些女孩小小年纪，比如 8 岁，就开始进入青春期了，但是有些女孩的青春期则要迟得多。无论你比自己的朋友发育早还是发育晚，都不用感到奇怪。青春期的发育过程因人而异，只要时机成熟，你就会开始。

你会变得有些，甚至非常暴躁。

把自己的感受说出来，可以帮助你调节自己的情绪。如果对你来说敞开心扉很困难，也不要担心，每个人偶尔都会有类似的感受。去找一个你信任的成年人聊一聊吧，就算你觉得有些话很难说出口，相信他也可以理解你。

我胸前的乳房开始隆起了吗？

有的女孩可能会极度渴望乳房的发育，常常在入睡前想象自己穿着文胸的样子；而有的女孩可能会觉得自己的胸部发育过早，甚至在其他发育相对迟缓的女孩身边会觉得浑身不自在。不管早晚，胸部发育都有可能会让你感到困扰，但其实这些都是很正常的。有些女孩可能从 9 岁开始乳房就发育了，也有一些女孩直到 13 岁乳房才开始发育。

小贴士

不要依据其他同龄女孩的体貌变化来判断自己的发育程度。就算你最好的朋友都开始穿文胸了，也并不意味着你也应该开始穿。即便你认识的女孩里面有 4 个来月经了，而你还没来，也并不说明你有什么问题。每个女孩的发育都有自己的步调，而且每个女孩最终都会成长为自己独有的模样！

许多女孩乳房发育的年龄，跟自己的母亲乳房发育的年龄相差不到一年。当然这只是预估，毕竟营养、健康和锻炼状况等因素都可能会影响激素的水平，因此乳房发育的时间会提前或延后。

乳房发育无论比他人早，还是比他人晚，你都有可能感到不好意思。毕竟，谁都不愿意跟班里的其他同学不一样。但是我可以向你保证，最后都会没问题的。每个人的身体都不一样，乳房的发育时间也没有早与晚的

绝对标准。如果你觉得自己怎么也等不到乳房发育的话，可以跟自己信任的大人或者医生聊一聊。他们也许能让你更清楚自己处在青春期发育线上的哪一个位置，而且也很有可能会告诉你，从你自身的整体情况来看，你的发育步调是完全正常的。

为乳房提供支撑：除了文胸还有什么？

一旦乳房开始发育，女孩们就经常会有这样的疑问——我应该什么时候开始穿文胸呢？说到底，该不该穿文胸要看你自己舒不舒服。有些女孩喜欢文胸给自己带来的支撑感，尤其是在运动或者跑跑跳跳的时候。其实，开始穿文胸的时间要根据自己的胸部发育情况而定。如果你自己拿不定主意，可以问问妈妈或者其他女性长辈。

第一次去买文胸的时候，最好带上自己的妈妈、姐姐或者其他女性长辈。去之前，你可以先看看下面这些内容，会对你有帮助。

首先，文胸分为很多种类。第一次买文胸，女孩通常会选择少女文胸，虽然它的支撑力不够强，但是的确能帮你适应穿文胸的感觉。有些女孩一开始会觉得穿上文胸有些痒，所以不带蕾丝或褶边的少女文胸是最好的选择。

随着乳房逐渐增大，你可能会开始对其他文胸感兴趣，包括带钢圈的（钢圈当然是被包裹在文胸里面啦）。这样的文胸会比较有型，而且能够提供更强的支撑。运动文胸是另一种支撑力更强的文胸，通常相当贴身，这样你在跑来跑去或者做其他运动的时候，就不会感觉不舒服了。不过，运动文胸比普通的文胸要更紧，在没有运动需求的时候，最好不要长时间穿着，以免影响胸部发育。

运动文胸通常会有小码、中码、大码等不同的尺寸，但不同的厂家生产的运动文胸尺寸会稍有不同，可以根据自己的上下胸围之差算出罩杯，再去选择松紧合适的运动文胸。

购买普通文胸的时候，最好请非常了解文胸的人来帮你测量胸围的尺寸，选择合适的文胸。大部分文胸店都有文胸导购员，她们都是经过专业训练的，能够帮你找到最适合的文胸尺寸。她们会隔着短袖衫帮你测量胸围和乳房，为你挑选一款最适合的文胸。买文胸之前一定要当场试穿，以免回去穿起来太紧或太松导致自己难受。你可以用下面这种方法来测试文胸的尺寸是不是合适：在绕后背一圈的文胸带里，应该可以轻松地塞进两根手指。如果文胸太紧或者太松，不仅无法为你提供有效的支撑，而且还有可能让你的胸部感到很不舒服。

与乳房相关的重要常识

● 你一侧的乳房有可能比另外一侧的发育得更快一些，这是正常的，而且可能除了你自己，没有人能注意到它们的差异。

● 有时候，如果乳房发育得特别快，乳房表面会出现成长纹，看起来就像从乳头周围延伸出来的自行车轮辐条似的。这些成长纹虽然现在看起来很明显，但是随着时间的推移会渐渐变淡。

● 在月经之前的几天，乳房可能会有一些疼痛、敏感或憋胀，这都是很正常的。

● 大多数专家都不建议在乳房刚开始发育的几年里常常进行乳房自查，因为十几岁的女孩出现乳房问题的案例是极少的。不过，即便你的乳房仍处在发育和变化的过程中，熟悉它的样子和与它有关的感觉还是很重要的。躺下的时候，偶尔用指尖触摸自己的胸部，用跟乳房不同侧的那一只手推按，按的过程中要调整力度，可以先轻轻按，然后稍微用力一些，沿着乳房打圈。这个过程能够帮助你搞清楚乳房的变化。

● 没有哪一种尺寸或者形状的乳房是健康的代表，乳房大小与罹患乳腺癌的概率无关。

● 如果不是在经期前后那几天，你感到乳房疼痛，发现乳房上出现红肿、灼热或憋胀的部位，无论在月经周期的哪个阶段都不消退的硬块，或是乳头渗出液体，应该立即告诉父母或者咨询妇科医生。

月经来了

人们通常所说的“例假”，学名叫作月经。简单来说，月经就是指少量血液在几天内经过阴道排出体外的过程。虽然听起来有些吓人，但这是每个女人每个月都会经历的自然过程。月经从女孩的青春期开始，直到不再有生育能力时停止。

为了明白月经产生的原因，我们需要了解一下与它有关的生理结构。女孩生来有一个用于孕育小宝宝的器官，小宝宝可以在那里“生根发芽”，慢慢生长，直到出生，这个器官就是子宫。距离子宫不远的地方有两个腺体，叫作卵巢。卵巢的功能就是分泌雌激素并产生卵子，卵子就是用来孕育新生命的必备细胞之一。

从青春期开始，卵巢差不多每个月都会排出一个卵子，这个卵子会通过一个特殊的通道，也就是输卵管，一路从卵巢滑入子宫。这个过程通常要持续三天左右。卵子在抵达子宫之前，在雌激素和孕激素的共同作用下，子宫内膜会增厚。如果卵子受精了，也就是说卵子跟精子结合变成了受精

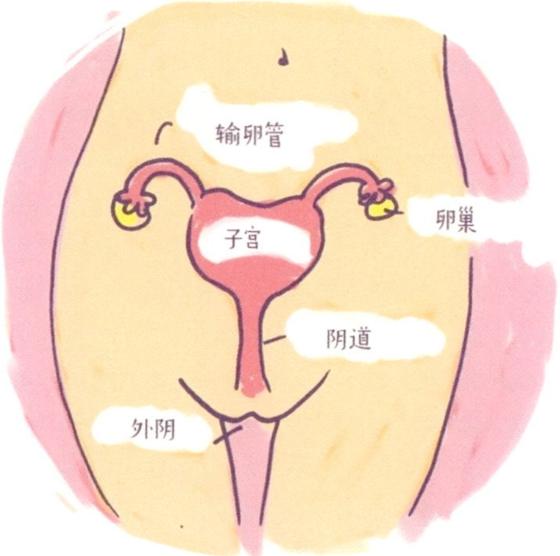

卵，也就完成了孕育小宝宝的第一步，这时候，增厚的子宫内膜就会变成一个相当舒服的“温床”，呵护着受精卵慢慢长成小宝宝。如果卵子在抵达子宫之后并未受精，那么子宫就不再需要增厚的内膜，此时子宫内膜中的血管收缩，子宫内膜因为坏死而脱落，引发出血，形成月经，并通过阴道排出，出血的过程会持续几天。

迎接初潮：怎样才能知道自己要来月经了呢?

第一次来月经的时候，你会感到体内有一小股液体顺着阴道流出。有时候，刚开始来月经的感觉并不明显，因而不是特别容易发现。你更有可能是因为发现内裤上有红色或锈红色的血迹，才意识到自己来月经了。

即便有了心理准备，第一次来月经的时候，你还是可能有些吃惊。我们写这本书的初衷之一就是尽量帮助你缓解月经带给你的惊慌或紧张。其实你大可不必惊慌。月经并不会一开始就非常汹涌，所以你有时间应对，准备经期用品。如果你刚好不在家里，又没

随着定期来月经而发生的激素变化，你会觉得自己好像坐上了情绪的过山车。但当月经周期日趋稳定的时候，你会慢慢长大，身体也越来越成熟，情绪的变化也会随着月经周期的稳定而稳定。

专家说

有带卫生巾，可以向妈妈或者女性长辈求助；如果在学校的话，也可以问校医，或者跟朋友借卫生巾。

有些女孩在来月经的时候会跟所有的朋友说，也有些女孩只告诉自己的密友，还有些女孩把这当作秘密，只告诉自己的妈妈或是亲姐妹。其实，你想怎么处理都行。要知道，这是你自己的事，即便别人问你，你也可以选择不说。虽然有时候你好像感觉自己真的被别人发现来月经了，但其实没有谁能从外表看出来你是否已经经历初潮。对于大多数女孩和女人来说，来月经只不过是生活中正常的一部分，所以你真的没有必要为此而感到羞愧或者沮丧。尽管有的大人对月经有偏见，但其实来月经并没有什么恶心的，那只是拥有子宫的正常现象而已！

刚来月经时，你可能会觉得这是件大事。最初阶段的月经可能不大规律，有时候来一来又停了。比如在你压力太大或是身体不舒服时，它可能会推迟或提前。这是很正常的，不过经历初潮一两年之后，大部分女孩的月经都会规律起来。

你的生理周期，也就是前一次来月经的第一天到下一次来月经的第一天，大多在 21 ~ 35 天，平均 28 天。通常，月经会持续 1 ~ 7 天。你可以把来月经的日子标注在日历上，以此提醒自己下一次来月经的大概时间。等到生理周期变规律之后，你甚至还能利用很多炫酷的应用程序记录月经周期，这样一来就不怕被“突然袭击”了！

与月经有关的不适：经前期综合征与痛经

来月经是身体健康、机能正常的表现，并没有必要为此调整日常活动。只要身体没有不适感，你就可以适当运动，做任何日常的活动。

有的女孩来月经的时候的确会痛经。痛经的原因不一，可能是由子宫收缩引起的，也可能因精神紧张或贫血等因素引发。月经有时候还会让你感到下腹部或是后腰疼痛，感觉恶心，甚至还会腹泻。缓解痛经的有效途径之一是保暖，你可以贴个暖宝宝贴。适

你要知道的事

大部分女孩会先经历乳房发育，大约一年半后出现阴道分泌物，再之后经过一年左右的时间迎来初潮。

量运动能缓解经期疼痛，多喝水也有好处，但这些措施不一定对所有人都有用。如果疼痛难忍，可以遵医嘱服用药物，以维持日常活动。来月经难免会让你觉得特别难受，有的女孩甚至难受到好几天不能上学。如果医生开的止痛药没有效果或者反复痛经，你就应该去医院详细检查身体，看是否还有其他问题。

每个月快要来月经的时候，你可能会被经前期综合征困扰，这是由激素变化引起的。有的女孩会在这个阶段变得比较情绪化，更容易不耐烦或是比平时容易哭，也有可能会特别想吃某些特定的食物。

尽可能地保持身体健康是抵御经前期综合征有效的手段，多锻炼也很有帮助。至于情绪低落，你可以在日历上记录月经周期，这样一来，你就知道什么时候自己快来月经了，就算没来由地哭泣也不要紧，你至少可以提醒自己：“嘿，没什么好大惊小怪的，不过就是经前期综合征而已。”

小贴士

包里随时装几片卫生巾比较好，免得在学校里或是在外面和朋友玩的时候忽然来月经，陷入麻烦。这样一来，即便周围没有能让你放心求助的人，也不用担心。

你要知道的事

卫生巾和卫生棉条

以下是关于卫生巾和卫生棉条的比对信息，阅读之后也许对你选择哪种经期用品有所帮助。

● 用在哪儿？

卫生棉条：用于阴道内部。虽然听起来很不可思议，操作也很难，但大部分女孩试过几次之后就习惯了。一旦棉条放置妥当，你很有可能都感受不到它的存在。

卫生巾：贴在内裤上。操作起来很简单，也没人能看出来。

● 多久换一次？

卫生棉条：这取决于月经量的多少，通常 3 ~ 4 小时换一次，最多 6 小时也要换一次。永远不要在睡觉时使用卫生棉条。

卫生巾：取决于月经量的多少和卫生巾的尺寸，一般 3 ~ 4 小时换一次。有的卫生巾是夜用的，可以用得时间长一些，不过夜用卫生巾常常比较厚、比较长，白天可能会让你感到行动不大方便。

● 运动的时候怎么办？

卫生棉条：运动起来会更方便，你甚至还可以在游泳时使用。

卫生巾：不能在游泳时使用。不过如今的卫生巾都很轻薄，你很有可能会忘了自己垫着卫生巾。

卫生棉条在中国还比较少见，卫生巾是更容易买到的产品。想进一步了解二者的区别，可以问问妈妈或是医生。你也可以两种都试一试，看看哪种适合你。

你知道吗？

近年来，市面上的非一次性经期用品越来越普遍。尽管非一次性经期用品已经被世界各地的许多女性使用，但对于还在上学的女孩来说，操作上可能会有一点儿复杂。可重复使用的经期用品，比如可重复使用的布垫或是可置于阴道内部的月经杯都有个好处，那就是既环保，又可以避免接触一次性经期用品中的化学物质。

正常生理情况速览

- 首先，如果你对自己的身体出现的变化感到困惑，这是正常的，而帮你解答相关的困惑正是本书的写作目的之一。

- 如果你比自己的朋友或者其他认识的女孩发育得慢一些或者快一些，这也是正常的，每个女孩身体和心理的发育都有自己的步调。

- 如果你对自身或者你的人际关系感到不安，这也是正常的。青春期对于每个人来说都是充满困惑的，有时候还会让人觉得很尴尬。在这个时期感到不自然是很正常的。

- 如果你的身体跟自己最喜欢的明星、杂志模特，甚至是更衣室里的其他女孩看起来不太一样，这也是正常的。我们人类的身体本来就千差万别，高矮胖瘦各不相同。

- 如果你的乳房比同年级女孩的更大，或者比自己认识的其他人的都小，甚至根本还没有开始发育，这都是正常的。你的身体自然知道怎样生长对你来说是最恰当的，到最后一切都会成为应有的模样。

- 想要在生活中做出一些改变是正常

的。你正处在成长阶段，而且万事万物本来也不应该是一成不变的。

● 你在成长的过程中遇到任何挑战都可以向妈妈、爸爸或者其他大人寻求帮助，因为度过青春期并不仅仅是完成一个自然的生理发育过程，也涉及精神层面的改变。他们本来就是会在这些时刻陪伴和支持你的人！

● 想要承担更大的责任，对生活有更多的掌控权，尤其是在生活看上去似乎有些失控的情况下产生这样的念头是正常的。这个时期正是人开始学习独立的时候，而你的行为恰恰决定了你在这个时期能够拥有多大的独立性。

虽然这可能需要一段时间，但是你早晚会发现，以上种种变化都会渐渐变得清晰起来，到时候你就会感到很从容了。你没问题的！

你渐渐长大，每次体检之后，医生往往会单独叮嘱你几句。这是个好机会，你可以尽情问一问医生那些身体变化带来的困惑，尤其可以问那些你平时觉得问不出口的问题。

专家说

第一次妇科检查

无论因为保健需求还是因为需要治疗一些疾病或外伤，第一次去做妇科检查，可能会让年轻女孩感到精神紧张。做第一次妇科检查时，通常不需要做盆腔检查。甚至在初潮后的几年中，你都不需要做子宫颈刮片检查。不过，跟妇科医生建立联系是非常重要的。下面我们就来说一说，万一你需要做盆腔检查，可能会遇到哪些情况。

● 护士会把你领到检查室，先问你的病史，诸如跟月经有关的问题，随后会告诉你哪些衣服要脱掉。通常护士会给你一张单子盖着身子，免得浑身赤裸。但如果你对第一次检查感到很紧张的话，那就问问医生能不能穿着自己的上衣，或者是换上一件从家里带来的睡袍。如果你想让妈妈或者朋友陪你检查，需要征得医生同意。

● 妇科检查台通常设有脚蹬。医生在检查阴道及其他女性器官的时候，你需要把脚放上去。可能这看上去有点奇怪，但是脚蹬其实能提升检查的舒适度。

● 医生会先检查你的外阴，确定各个部位都发育正常、情况良好。如果因为剧烈运动或其他原因导致处女膜破裂，可以做阴道窥器检查。这时医生会把窥器插入阴道口，查看阴道的内部。医生也可能会用手按压你的下腹腔，这样医生就能通过触摸感受到你的卵巢和子宫，判断这些器官是否发育到了正常的大小，而且发育程度正常。

你有疑问的话，一定不要犹豫，如果你想在检查的时候让妈妈握着自

己的手，也要问问医生是否可以。虽然检查的几分钟确实可能比较难熬，但只要坚持一下就过去了。之后，你可能一整年都不需要再去做妇科检查了，这下放心了吧！

第二章

身体发育及个人护理指南

一提到“长大”，你脑海里会出现什么呢？初潮？乳房发育？学习开车？这些都是你在长大的过程中需要经历的部分，我们将会把这些话题一一展开。不过，学习开车这部分就算了，这需要你去驾校学。但是青春期扑面而来，它的影响范围也不仅仅局限在这几件事情上。在这一章中，面对发生变化的身体，你可以从上到下，从头到脚，全面学习一些应对的方法。

GRR

从头开始：头发

对于女孩来说，护发可能会有些复杂，毕竟大家的发质和发型各不相同，选择护发用品也因人而异。不过，无论你的发型是时髦新潮，还是简单朴素，基本的护理要点都万变不离其宗。

用洗发水揉搓起沫，用清水冲洗，再重复以上步骤。随着青春期的到来，你可能会发现自己的头发比从前更容易变油腻。这当然也有激素的原因。如果你特别好动，又或者你是油性发质，那可能需要每天都洗头。如果你的发质相对粗糙和干燥，就不要过于频繁地洗头，因为洗的次数太多只会让头发和头皮变得更加干燥。如果你的发量很多，发质粗糙，每两三天用一次洗发水，再用护发素护理一下就够了。

最好使用与自身发质相匹配的专业护发用品，因为不同的发质需要用不同的洗护用品。如果你不知道该买哪一种，可以仔细看看产品标签，或者多问问导购的意见。美发店也可能会有人提供相关建议，不过美发店里的洗护用品往往比市面上其他地方的售价

小贴士

跟你的头发一样，梳子、发刷及其他护发工具也是会变脏的。它们也需要用洗发水和温水定期清洗，至少每周一次。

都要高。

记住，头发不耐热。对头发进行任何化学处理，比如烫发、拉直、染发，或者给头发加热，比如用吹风机吹头发，都会对头发造成伤害。久而久之，头发会变得更难打理。你的头发越少接触化学制剂和高温，就越不需要特殊的护理用品。

我的宝贝耳朵

如果你咨询医生或护士的意见，他们肯定会说，保护耳朵最重要的就是不要往耳朵里面塞东西！无论是笔盖还是曲别针，甚至是医用棉签，塞得太深都有可能会伤到耳朵。定期洗头也能帮助保持耳朵的清洁，不过别忘了用毛巾擦擦耳郭。还有，一定要记得擦耳后，那里特别容易脏。如果你留的是短头发，更要注意，因为虽然你自己可能发现不了，但是别人却会看到你耳后的污垢！

耳朵里面会长耳垢。你可能会觉得它很恶心，但是耳垢有个重要的功能，那就是阻碍污垢进入更深处的耳道，如果污垢进了内耳道，那会带来更多麻烦。所以对于耳垢，你不需要厌恶它，它可以尽职尽责地保护你的耳朵。但这并不意味着你可以放任耳垢在耳朵里自由生长，如果你觉得耳朵好像被堵住了，或者听声音有点困难，就需要咨询一下医生怎样去除多余的耳垢。

我爱眼睛

不用我说，你也知道眼睛有多重要吧？毕竟我们每天都要使用眼睛。如果你发现自己看东西有困难，就要尽快告诉父母，并去做个视力检查。有些人看不清近处的东西，他们是远视眼。不过大部分人都能看清近处的东西，却看不清远处的黑板或者其他东西，这样的人就是近视眼。

如果你确实看不清楚东西，就需要佩戴眼镜。因为戴眼镜的人越来越多，眼镜的颜色和款式也是各式各样。刚开始戴眼镜的时候，你可能有些不适应，戴久了之后，你就会慢慢适应了，甚至可能会忘记眼镜的存在。如果担心选不到合适的眼镜，那就请朋友陪你一起去挑选吧！但应该去医院或专业的配镜商店挑选。

你也许会考虑戴隐形眼镜。有的女孩更喜欢自己戴隐形眼镜的样子，也有的女孩觉得运动的时候，戴隐形眼镜比普通眼镜更方便。但隐形眼镜需要额外的护理，你可以先跟父母聊一聊，再问问眼科医生，看看自己究竟适不适合戴隐形眼镜。

啊！我的脸长痘痘了！

青春期到来的时候，脸可能会常常令你担心和困扰，因为你的脸也许面临着青春期大敌——痤疮，又叫粉刺，俗称青春痘。

几乎人人都要在青春期长几颗痘。但知道要长痘痘是一回事，真的长了痘痘又是另外一回事了。油脂过多，堆积在毛孔里排不出去，又跟细菌和死皮黏在一起，就会导致皮肤长痘。是的，你大概已经猜到了，这些多余的油脂也是由你体内的激素引起的。尽管痘痘不可能在一夜之间全都消失不见，不过如果你想要自己的皮肤

女孩说

刚开始戴眼镜的时候，你可能会觉得很烦。我刚戴的时候也这样，尤其锻炼或者参加户外活动的时候。如果刚戴眼镜的时候有人笑话你，别理他们。我知道这不太容易，但是不久之后，大家就会习惯你的新形象了。

——14 岁的米娅

看起来更好一些，感觉也更清爽一些的话，还是有办法的。

无论你有没有长痘，都应该每天洗脸。洗脸可不能使劲搓，你是个女孩，又不是一口锅。要使用温和、无香味的洁面用品和温水洗脸。平时要注意少摸自己的脸，否则会让细菌更肆虐，滋生更多的青春痘。

如果痘痘在你脸上“泛滥成灾”了，你可能就会对那些号称强力祛痘的产品感兴趣。但不要听信广告的一面之词而滥用祛痘产品，那很有可能伤到皮肤，引起面部过敏或感染。

如果你用的祛痘产品没有效果，那就跟父母说一说，让他们带你去看治疗各种皮肤问题的皮肤科医生。

如果你真的长了青春痘，记得不要抠，也不要挤。虽然你可能特别想把它挤出来，但这样做只会更加刺激皮肤，还可能引发进一步感染，最终留下永久性的痘痕。

出门的时候，可以适度使用防晒产品保护皮肤。暴晒会刺激并伤害你的皮肤，然后导致更多的肌肤问题。

保护牙齿，拒绝牙疼

当你可以读懂这本书的时候，相信你已经长大了，也有了很强的自理能力，不再需要有人在背后逼着你刷牙了。父母应该也相信你能好好刷牙，做好个人卫生。而且，你大概已经相当了解应该怎样保护牙齿了，所以这里只是简单地梳理一下口腔护理的方法。

- 选择软毛牙刷。硬毛牙刷确实会造成牙龈损伤，并可能引发更多口腔问题。

- 每隔 3 ~ 4 个月就更换一次牙刷。因为用了三四个月以后，刷毛已经被磨损，无法很好地清理牙齿了。而且刷毛之间开始滋生细菌，这样一来，用它刷牙只不过是把细菌塞回自己嘴里而已。

- 切记，要把牙齿的里里外外——外侧（接触脸颊的那一侧）、内侧和咬合面都刷干净。舌头也要做一下清洁，因为舌头上也会潜藏细菌，它们会导致口臭。

● 记住，为了彻底清洁牙齿，你每次至少需要刷 3 分钟，这可能比你预计的时间要久。用计时器或者小沙漏来计时是个好方法，这样可以确保刷够时间。你也可以挑一首 3 分钟的歌曲，一边刷牙，一边播放。但千万别一边刷牙，一边唱歌哟，这样你可能会咬到自己的！

● 除了刷牙，你还可以用牙线清洁牙齿，牙线可以清理牙缝中的食物残渣，预防蛀牙，并保持牙龈强健。如果把牙线缠到手指上对你来说有些难，那就用一次性牙线棒好了，就是一段牙线已经在小塑料棒上固定好的那种。

一定要去吗？——好可怕的牙科门诊

虽然在家里就可以好好呵护口腔健康，但是有些牙齿方面的护理只能在医院完成，比如补龋齿。在一些国家，许多家庭都会为家庭成员的牙齿健康买保险，用于承担随时都有可能支付的牙齿治疗费用。也有一些家庭，虽然不会刻意为牙齿买保险，但也非常重视牙齿的保健。即便治疗牙齿的费用有些高，你都要为了牙齿健康及时就医。

不仅仅是小孩子，就连许多大人也不喜欢去看牙。如果你也不喜欢，最好在看牙之前问清楚为什么需要看牙：是单纯去洗牙呢，还是另有其他安排？到了牙科之后，在你张大嘴巴接受检查之前，还可以请牙科医生为你解释一下，接下来大概会有几个步骤，每个步骤需要做些什么。的确，看牙的过程是不太舒服的，但是什么时候会不舒服、怎么不舒服，你了解得越多，就越有心理准备。偶尔去看一场计划外的电影，可能让你感到惊喜又快乐，但是看牙的时候出现任何你意料之外的事都不好玩儿！当然，并不是说了解了这些细节，看牙就会变得跟去动物园一样有趣，但是你了解的信息越多，就越能够对即将发生的情况做好准备。

做好准备，应对牙套挑战

有很多孩子甚至成年人都会戴牙套。虽然戴牙套是很平常的事，可是一旦听说自己也需要通过戴牙套来矫正牙齿，女孩们可能就会焦虑起来了。

人们戴牙套最常见的原因是牙齿不整齐，或者牙齿咬合有问题。这些问题都有可能会增加养护牙齿的困难。牙套不但能使你的微笑变得更美，还能够帮你保持口腔健康。

戴牙套是开始为自己的健康承担更多责任的好时机。记得问一问你的牙科医生，应该怎样养护牙套，什么样的食物不该吃；如果牙套有部分断了、弯了，或者刺激到你的口腔内部，应该怎么办。

有关腋窝的一些事儿

你也许会发现，自己的腋窝比以前更容易有味道了，即便你还没有留意到，身边的人也可能会告诉你。这当然也属于青春期发育的一部分。现在，你体内的激素可能会改变汗液的味道，让你有时候闻起来就像是穿过的运动袜一样。如果能经常洗澡，并格外注意清洗腋窝，就能够有效地缓解这个现象。

如果你发现自己身上的味道很重，而且很难完全去掉，可以到医院请求医生的帮助，在医生的指导下，使用一些更适合自己的除臭剂。这样不但可以保证你的健康，还可以让你找到摆脱“味道烦恼”的有效方法。

天啊，这里长毛发了！

腋下和腿上长毛发是青春期发育的必经阶段。很长时间以来，女性一般不处理这些毛发。在 150 年前，女性不能露出腋下或大腿。所以，这些部位的毛发不容易引起人们的关注。

大约 100 年前，生产安全剃刀（就是那种被塑料包裹住的剃刀）的公司意识到，如果能够说服女性，让她们觉得自己每天都需要除毛的话，那么自己的客户群就能扩大许多。

于是，当时尚界开始向人们展示那些裸露腿部和腋下的服饰时，那些生产安全剃刀的公司开始在女性杂志上投放女性需要除毛的广告，这些广告把腿毛和腋毛描绘成又脏又丑的东西，其中有一条广告甚至把腿毛比作麻风病，而麻风病在那个时候可是很可怕的疾病。

在这种背景下，你就知道为什么除毛会成为一种习惯了吧。

尽管许多女性都会刮腿毛和腋毛，但是从医学或卫生的角度来说，其实你并不需要刮掉或者去除身体上的任何毛发。在许多文化中，人们甚至根本不会考虑这些毛发会不会让自己看起来不够美。当然，有些女孩觉得去除这些毛发会更舒服，如果你也这么想，那就跟妈妈或者家里的其他成年人聊一聊，问清楚除毛的最佳方式。最常见的做法是把这些毛发刮掉，但是如果你觉得刀片有可能伤到自己，那么刮毛就不是很适合你了，你还可以探索一下其他除毛方式，比如用脱毛膏等。

小贴士

有些除臭剂会在衣服上留下印记，深色衣服尤其明显，穿背心或吊带的时候也要当心。如果你想尽量减少这些印记，可以使用标有“无色自干”字样的除臭剂。

初学者刮腿毛指南

虽然腿上长出腿毛再正常不过了，你身上的其他地方，比如胳膊，也会长出毛发，但有些女孩还是想把这些毛发都去掉。读一读下面这些建议，也许会让你的第一次刮毛经历更顺利一些。

● 先冲个澡。腿部皮肤干燥的时候是不适合刮腿毛的。冲澡之后，毛孔张开，皮肤湿润能令刮毛的过程更顺利，也能适当避免刮伤或划伤。

● 不用专门花钱买女性剃毛膏。剃毛膏的作用类似于剃须膏，的确能让刮毛刮得更顺手，所以该用还是要用的。如果剃毛膏用完了，也可以暂时用剃须膏来救急。只需要提醒家里的大人，下一次买东西的时候多买些剃毛膏回来就好了。

● 要用新刮刀，而且要定期更换刀片。如果刀片老化，不仅刮不掉腿毛，反而可能把皮肤刮伤。

● 从脚踝处开始，一路往上刮。这样可以避免划伤自己，而且朝这个方向刮，更容易贴近毛发根部，刮得也更干净。大部分人是不刮膝盖以上部位的，但是如果你决定要刮得更彻底一些，在刮到大腿内侧的时候一定要小心，刮伤那里的皮肤会很疼的！

● 刮完之后，可以在腿上涂一些乳液或者润肤露，这样皮肤就不会太干燥。

让你的脚保持干净

尽管你可能觉得双脚不是需要特别护理的部位，但是双脚作为最辛劳的部位，值得你投入很多关注，那么怎样才能让双脚健康又干净呢?

你的双脚需要一双支撑力强而且合脚的鞋子。尤其是在这妙趣横生的青春期中，你的脚也会长得很快，每次买鞋的时候应该要用专门测量脚部尺寸的工具来确定自己的鞋码，或者亲自试一试。你双脚的生长速度也可能不太一样，如果鞋子买小了，走一会儿路就会感到脚疼。

你可能极为向往穿高跟鞋，尤其是现在，你已经是个大姑娘了，这种渴望就更为迫切。但是，很少有高跟鞋能为双脚提供足够的支撑。高跟鞋还可能让你的脚磨出水泡，引发槌状趾畸形和拇趾滑囊炎，甚至会进一步引发腿部和背部的问题！如果你有需要穿高跟鞋的场合，可以选择鞋头部分较宽松的鞋型。鞋头空间充分的高跟鞋会比那些把你的脚指头全挤在一起的穿起来更舒服。另外，在特殊场合穿高跟鞋，一次也不要穿太长时间，而且最好保证穿着的时候没有太多事情要做。如果只是在聚会上坐一会儿，也许穿高跟鞋挺适合的，但是如果需要跑着追公交车或者在博物馆里走走逛逛，高跟鞋就不适合了。

还有一种很常见的，很多人都会碰到的脚部问题——脚气。脚气容易在黑暗、潮湿和人们打赤脚的地方传播。在英文里，脚气的字面意思是“运动员的脚”（athlete's foot），这是不是让你想到了运动员的更衣室？脚气是一种真菌引起的疾病，在公共洗浴场所穿自带的拖鞋可以预防脚气。你可以留几双只在室内穿的拖鞋来专门预防脚气。如果你的脚发痒或是脱皮，尤其出现问题的部位是脚趾或是脚趾周围的话，那你可能染上脚气了。脚气并不难治，只要和家里的大人一起去药店买外用药就可以。在涂药之前，一定要把双脚先洗干净，擦干之后再用药。涂药之后，绝对不能用手碰自己的脸或者身体的其他部位，而是要立刻洗手。那些让你染上脚气的真菌虽然最喜欢住在你的脚部，但是它们也很乐意住在你身体的其他部位，包括那些你绝对不希望染上真菌的区域。

脚上的味道有时候不那么好闻，缓解这个问题其实也很简单，只要注意以下几点即可。首先，要保持双脚的清洁，勤洗脚很重要。其次，穿鞋的时候要穿袜子。再次，保持鞋子干爽很重要，每次穿完鞋子记得要把它们放到通风处晾干。最后，有些鞋子的材质不透气，比如塑料鞋就会比棉布鞋更容易让你的脚变臭。因为穿这种鞋的时候，脚会更容易出汗，所以要尽量少穿这种鞋，而且一定要每天都洗脚并充分擦干，注意要把脚趾缝之间也擦干。

学会爱护自己的身体

面对如此快速发育的身体，你最重要的任务就是好好爱护它。电视广告、杂志封面和街边广告牌都在狂轰滥炸，不断重塑我们脑海里所谓的女性形象，重整我们身为女性的价值观。不过，这些被展示出来的女性形象，通常都是花了好几个小时才打造出来的。她们有专门的团队负责化妆和发型，甚至在照片拍好之后，还会通过修图软件进行优化。这些“完美”的照片多是为了商家的产品服务的，它们会让看完照片的女性感觉用完产品之后，自己也能像照片上的人那样夺目。我要说的是，你可能不具备杂志模特那样的外形，不过也许她们的真实的样子和杂志上也相去甚远。这些都不重要，重要的是学会欣赏自己。

我们每个人的身体条件各不相同，身材和体态也各有千秋。拿自己的身材和别人做比较从来都不是件愉快的事情，也不会让你变得更健康。学会好好爱护自己的身体，发自内心地喜爱自己本来的样子，运用好你的身体，反而会令你过得更开心、更健康。

女孩与饮食

女孩往往都比较在意自己的身材。有趣的是，有些小姑娘才六七岁就会说自己“胖”，甚至认为自己“需要节食”。均衡饮食、适当运动是很重要的，有助于保持身体的各项机能，让我们能够快乐地做我们想做的事。节食绝对不是个好的选择，正在长身体的你更要慎重。

下面说说为什么不建议你节食。

- 你需要良好的营养和充足的热量才能健康成长。

- 节食是与食物为敌。但食物是生长的燃料，本该是用来享受的，学会均衡饮食也是这种享受的一部分。

- 节食往往是为了令身材看上去更为标准，但人与人的身材和体态本来就不同，这是非常自然、正常的。

- 节食单里会列出所谓“应该吃的”和“不该吃的”食物，但往往没有根据你身体的需要来决定吃什么食物。

- 大部分流行一时的减肥食谱都让你彻底不吃某类食物。这样一来，你的身体就很难得到合理、充足的营养。

- 仅靠节食通常无法长期维持减重的效果，压抑自己的食欲，日后可能导致你难以与食物建立健康的关系。

知道吃什么很重要，而了解怎样吃也很重要。

● 学会跟身体配合。感受身体发出的“我饿了”的信号，了解这些信号具体带来什么样的感受很重要。如果你不饿，却因为心情不好或者觉得无聊而吃东西，这时你选择吃的东西就很有可能不大健康。

● 吃过某种食物以后，你是感觉更有精神，还是依然疲惫，甚至觉得反胃？下次就可以根据你吃过后的感受来选择食物。

● 如果你想远离垃圾食品，那就尽可能多尝尝那些能满足你味蕾的食物。可以试试其他国家的食物，或者试试从前没尝过的原料做的食物。

● 新鲜水果很好吃，吃起来也很方便，每天午餐时可以吃不同的水果。时令水果是更优质的选择，也就是说离采摘的时间越近的水果越好。要是你吃过冬日里的反季西红柿，那滋味就会让你懂得这个道理了。

● 如果你想吃得健康一些，可是没坚持下来，也别灰心。改变习惯是需要时间的。如果你始终认真对待身体发出的信号，而且总能吃那些让自己更有精神的食物，一定会越吃越健康的。

如果你很忙，保持健康饮食就会变得困难。下面这些建议，可以让你既能吃得健康，又能吃得过瘾，一起来看看吧！

● 随身带水果。最好带比

较硬的水果，比如苹果和橙子。香蕉之类的软一些的水果在背包里放一阵子就会变得烂乎乎的。冬天的时候，小柑橘最能唤醒你的味蕾，因为它有皮，也方便携带，着急出门的时候可以直接抓一把带走。

● 挑选食物要以是否健康为标准。但你也不可能总是把有机甘蓝和鸡胸肉当晚餐。即便可以这么吃，你也很快就厌烦了。如果没有健康食物可吃，那就选择加工比较少、添加剂较少的来吃。比如，如果放学后你只能从自动售卖机里面买零食，那估计是买不到拇指胡萝卜的。自动售货机里面应该有椒盐脆饼，非油炸、富含营养物质的食品，果断选第二种吧。

● 随身带小包装的坚果。坚果比水果能保存得更久，吃起来也不会因为汁液弄脏衣服，而且富含蛋白质。坚果还会让你的饱腹感更持久。

谨慎地选择快餐

快餐是一种简单、便宜又好吃的选择。鉴于快餐总会满足一部分人的需求，它就很难从你的世界里消失，那么随着年龄的增长，你需要操控自己的饮食，学会从快餐中挑选相对健康的食物。

● 再次强调一下，不要把食物分成“好的”“坏的”。没有什么食物天生就是好的或者坏的，但是有些食物的确没办法为你提供太多营养。许多快餐就是这样的。

● 有时候，吃快餐时配沙拉是个不错的选择，但吃光里面的蔬菜就够了。沙拉里的配料营养不高，但是热量却很高，就像是往你的蔬菜上加了一个大大的汉堡包一样。

● 快餐的加工程度特别高，里面的食材和它们刚成熟时的样子已经相去甚远了，更别提有些食材根本就不是种出来的。另外，如果这些食材的原产地都很远，它们经过冷冻、罐装或袋装，需要依靠很多防腐剂和化学添加剂才能保住美味。这些防腐剂和化学添加剂也会干扰你吸收营养。

● 如果你不知道吃什么，眼前又有水果可以点，那就选水果吧。

● 不要因为快餐附赠的饮料名字里带有“果汁”二字，就以为饮料很健康。要看看里面是不是添加了甜味剂，有些甜味剂含糖量过高，甚至会导致肥胖或蛀牙。

● 最好训练一下自己的味蕾。薯条当然很好吃，快餐中的薯条尤其美味，因为在炸之前，快餐店员还会给它们喷上一层糖浆。但是如果你能坚持吃苹果，会发现它比薯条更美味。

● 从一些小的改变开始做起。如果你一餐就能吃下一个快餐套餐，外加一大杯碳酸饮料，可以先试着自己随身带水，吃饭的时候不点饮料。这样坚持一段时间之后，也许就能用健康的食材来代替快餐了。

关于体重的焦虑

从健康饮食和合理运动两方面来进行体重管理，要比节食加锻炼更加健康，也更加有趣。但是很多女孩总是给自己施加很大的压力，她们想让自己变得更加苗条，也特别怕听到别人说自己胖。

电视和电影里面的人物形象往往非常理想化，并没有充分展示出现实生活中存在着的多种多样的健康身材。如果你完全盲从影视媒体传递出来的信息，可能会被禁锢在每个女孩都应该又高挑又苗条的固定观念里。但这其实一点儿都不实际。女孩们的身材各不相同，你应该首先弄清楚与自

己的身材相匹配的健康体态和体重，再发自内心地接受这些事情。

你是否正在为自己的体重而焦虑？那就花一分钟想一想，自己到底是在担心什么。你是担心自己不够健康吗？抑或在担心自己因为胖而被其他人嘲笑？也可以请父母帮你分析分析，这些焦虑到底能不能站住脚。如果你的体重真的超标了，你需要想想有哪些应对方法。你还可以跟专业人士取取经，比如问问医生或者护士，看看他们是否认为你的体重真的超标了。

女孩与运动

如果你喜欢运动，那团体运动也是个保持身材、跟朋友玩耍以及感受身体活力的好方法。团体运动能够为你带来很多乐趣，还能增强你的自信。

身体的变化可能会让你在和大家一起运动时感到有些尴尬，但是运动仍然是一个让你感到快乐和愉悦的好方式。

以下是参与团体运动可以为你带来的好处。

- 释放压力。团体运动可以让你在坐了一整天之后，舒展筋骨、振奋精神。毕竟，想要击中快速球的时候，你可没心思惦记数学作业！
- 令你开心。
- 让你通过锻炼感受身体的活力。
- 增长运动技能。比如，你可以学会怎么过人，怎么运球。运动还能提升你的自信、自律和团队精神。
- 有更多结交朋友的机会。

你有没有发现，团体运动的优势里并没有出现“每场比赛都打赢，所以感觉非常棒”这一条呢？我们并不是说赢得胜利的滋味不好，它肯定比失败要让人感觉好得多。但是如果过分强调胜利的话，运动本身反而会丧失许多乐趣。如果运动能够带来的唯一乐趣就是获胜，而每次只有一支队伍能够取得胜利，那就意味着只有一半选手能够享受到运动的快乐了。如果提前知道一场电影会让半数的人不开心，你还会跟朋友们结伴去看吗？如果运动的唯一目的就是赢得胜利，那么它就是浪费时间和精力的事了。

如果你很难接受比赛落败，那么你可以为每一场比赛都设置一个个人目标，这个目标必须与赢得比赛无关。比如说，你是棒球场上的外场手，可以把目标定为接住八成的高飞球。如果你在团队协作方面遇到了困难，也可以把目标定为发现队友五个值得称赞的地方，并称赞他们。

有些家长总是会逼迫自己的孩子去做运动。尽管适当的压力对你是有好处的，但是如果父母步步紧逼，甚至超越了你身体的极限，可能会给你

造成永久性伤害。如果你感觉自己在运动的时候压力太大，以致失去了乐趣，你应该跟你的父母好好聊一聊这个问题。

运动安全

尽管你已经非常小心了，还是很难完全避免意外。你可以按照以下步骤做好保护措施，避免受到严重或者持久的伤害。最重要的一项保护措施就是一定要穿戴好合适的护具。你的头部非常重要，保护它却很简单：做什么运动，戴什么运动的头盔就好。运动之前，可以请教练帮你调整好头盔。如果头盔有下颏带，一定要系紧。否则，你的头盔本来应该牢牢固定在你的头上，结果却有可能在需要保护你的时候掉落了。骑自行车的时候也需

要戴头盔，有些地方甚至规定骑行者必须戴头盔，如果你不戴，你的监护人就会被追责。

另一个可以避免运动伤害的重要方法是在运动之前进行热身和拉伸。热身和拉伸是唤醒肌肉、促进血液流通的机会，这样你才能在不伤害自己的前提下，展现出最好的身体机能。不同的运动，需要拉伸的身体部位也不同。教练对这些部位都很清楚。如果你参与的不是团体运动，也没有教练，比如说跑步或者滑滑板，就需要自己研究怎么做拉伸。你可以请有经验的人为你提一些建议，或者去权威网站搜一搜相关内容。

关于运动安全的最后一点建议是，如果你已经受伤了，就不要再继续运动。在决胜关头或者比分接近的时刻，人很容易被兴奋感带着走。有时候太过逼近身体的极限的确会带来一些微小的疼痛感，这是身体活跃的自然状态。但是如果在受伤之后仍然继续运动，就有可能把原本比较小的、不严重的伤变成严重的创伤，并为自己带来长期的困扰。你的人生还很长，需要一个好的身体作为基础。因为运动给自己的身体造成永久性的损伤，这非常不值得。如果在你身体受伤的情况下，还有人来邀你一起运动，你一定要懂得拒绝。

饮食失调

饮食失调主要分为两种：患有神经性厌食的人总会有意挨饿；而患有神经性贪食的人，则会吃很多很多，再强迫自己把吃下去的食物都吐出来。这两种饮食失调的情况都很严重，一旦发现相应症状，应该尽快就医，在医生的帮助下恢复健康、快乐、有活力的生活。

饮食失调通常发生在女孩青春期开始发育的时候，如果不及时治疗，甚至可能会持续一生。如果你发现自己或者朋友身上出现以下症状，可要当心了，但发现问题后不要急着给自己“诊断”，要告诉父母，并去医院就诊。

神经性厌食

患有神经性厌食的女孩，会出现以下症状。

● 总觉得自己胖。即使在别人看来她已经瘦成竹竿了，但是她一照镜子就觉得看到了一个超重的胖子。

● 有的人会暴食，有的人会谈论美食，甚至做一大桌子菜，但他们自己不吃。

● 过度锻炼。有的人无论摄入多少热量，都会运动好几个小时，拼命地想把这些热量消耗掉。

神经性贪食

神经性贪食的鉴别要更困难一些，因为神经性贪食患者的体重往往都在正常区间内。不过患有神经性贪食的女孩往往会伴随以下症状，需要引起关注。

● 对自己的身材和体重都很敏感，常常刻意节食。自信心常常因为体重或体形变化大受影响。

● 饮食没有节制，容易在短期内摄入过量食物。总觉得不把所有食物都吃完，就停不下嘴。

● 吃得太多之后总是催吐，或者通过其他手段来防止自己的体重大幅度增长。

治疗神经性厌食和神经性贪食的方法包括：看心理医生、药物治疗，必要的时候还需要住院治疗。要记住，总会有人能帮你，有时候解决问题最难的那一步只不过是开口寻求帮助而已。

7
9
11
9

动起来

小孩子都喜欢动个不停。然而自从上学以后，孩子们每天都要在教室里坐上 6 个多小时，活动的频率越来越低了。通常来说，孩子们只有下课时才有一点儿时间可以蹦一蹦，跳一跳，走一走，跑一跑。而且因为在学校待的时间越来越长，集体运动越来越重要，更是户外活动和体育课的重要组成部分，这就让情况变得更加不容乐观。因为不是每个孩子都是运动健将，那些不擅长运动的孩子可能会渐渐变得更不爱动，更喜欢坐着。这种习惯既不健康，也不有趣。

即使你不是运动健将，仍然可以找到许多方法，把体育活动变成自己生活的一部分。比如，你可以尝试下面这些小方法。

- 做一些个人运动，或者参与一些人数较少的团体运动。并不是所有运动都需要一整支队伍，跑步和网球就很适合一两个人练习。
- 可以尝试练习一些自己感兴趣，而且没有对抗性的运动。瑜伽就是个不错的选择，没有人会在练瑜伽的时候还想着比赛。
- 出去散散步。即使是在社区里，也会有一个未知的世界等着你去探索。
- 去爬爬山（这里说的“爬山”其实就是散步，只不过是在树木茂密的地方）。
- 玩小时候常玩的游戏，比如跳绳、跳房子、踢毽子。
- 跟朋友出去玩的时候，安排一些能让大家一起动起来的项目，比如骑自行车或者玩直排轮滑。
- 天气热的话，还可以去游泳。如果你有一段时间没怎么运动了，游泳是个不错的选择，而且它对关节形成的压力也没有那么大。

- 去逛逛商场。其实在商场里逛来逛去也是一项不错的运动，有的商场甚至会提前开门，让喜欢散步的人有个安全的活动区域。

每天多安排一些活动，能够让你变得更开心，还可以减少你内心的压力。只要动动脑筋，说不定你能想出更多合适的活动，让自己的身体动起来。不过要记住，每个人的身高、体重和身材都不一样。如果你能从小培养锻炼和保护身体的好习惯，你长大以后应该会更健康、更开心。

打哈欠：女孩与睡眠

小时候，父母可能会为你规定睡觉时间。虽然现在你长大了，可能还在遵循着父母为你定的睡觉时间。不过保障睡眠时间和质量也已经是你自己需要安排好的事情了。

像你这么大的女孩，通常每晚需要 8 ~ 10 小时的睡眠，才能保证身体正常发育，并保持健康。不过就个人而言，你需要的睡眠时间也可能略长或略短。如果你早上总是醒不来，在课堂上无法集中注意力，或者上课时特别容易打盹儿，这不一定是课程让你感到很无聊，也有可能只是因为你没睡够而已。

如果你感到入睡困难，设计一套睡眠仪式可能会对你有所帮助。如果你每天晚上睡觉前都做同样的事，身体就会渐渐了解“嘿！现在到了睡觉时间”。睡眠仪式可以是这种模式：换上睡衣，刷牙洗脸，跟父母道晚安，看 15 分钟书，然后关上灯。美好的一天就落下帷幕了。

帮助你尽快入睡而且睡得更好的最重要的方式之一，就是把电子设备都收起来。平

小贴士

如果你有时候会在半夜里突然醒来，想起“啊，真不敢相信我竟然忘记告诉沃克夫人下周不能帮她除草了”之类的事情，可以在床头放上纸和笔，把这些事情记下来。及时做完，就不会再从睡梦中惊醒、懊恼了。

板电脑或智能手机屏幕所发出的光恰恰会提醒你的大脑要清醒。也许窝在被窝里跟好朋友发信息到深夜很有趣，可是这如果会导致第二天起床以后心情暴躁，那就不值得了。

关于睡个好觉的更多建议

● 入睡前的几个小时，千万不要喝含有咖啡因的饮料。你可能知道碳酸饮料里含有咖啡因，但是你知道巧克力和茶里面其实也有吗？

● 避免参与有刺激性的活动。对有些女孩来说，刺激性的活动包括看动作片或者恐怖片，读情节紧张的书籍，或者玩吸引力非常强的电子游戏。这些活动虽然有趣，却无法令人放松，尽量避免在快要睡觉的时候进行这些活动。

● 避免在上床睡觉前与人争论或者讨论一些可能令你感到心情沮丧的事情。

● 一定要在睡觉前收拾好书包，并准备好第二天要穿的衣服。如果你觉得自己容易忘东西，比如为某个课业项目准备的材料之类的，那就给自己写个便笺。

● 一定不要只在手机上设置闹钟，其实用个真正的闹钟就挺好。如果你没有闹钟，可以让父母准备一个。这样一来，哪怕你晚上起来想看一眼时间，也不会重新陷入社交媒体里出不来，更不会没完没了地发信息了。

第三章

情感与交友

当你的身体和生活都在发生急剧变化的时候，你很有可能被强烈的情绪压倒。情绪并没有对错之分，了解这一点很重要。比如说，你没法真的做到永远不生气。你感到愤怒只是说明你对眼下的状况或是你自己有一些不满或无力。这可能意味着你需要对当前的局面做出一些改变，也可能意味着你需要调整自己看待问题的方式，以此来平息自己的怒火。被强烈的情绪控制之后，我们可能会做出伤害自己或者伤害别人的行为。

BFF
4-EVER

做自己情绪的主人

比如说，弟弟拿你的牙刷给他的模型车刷胶水了，你生气是很合理的反应。你可能瞬间就想拿他的牙刷去刷厕所地板，但是我相信你能意识到，跟父母反映一下这个问题其实是更好的解决方案。

当然，想要避免被情绪控制，以免做出错误的决定，就要学会控制自己的肢体动作和内在情绪，不要表现得过于偏激。如此一来，你就可以采取相应的行动，而不是单凭情绪反应了。

向你的好朋友倾诉是一种排解强烈情绪的好方法。你知道吗？如果你能告诉对方自己需要什么样的支持，那就可以提升朋友的倾听效果。比如说，当你特别需要朋友仔细倾听的时候，对方却显得心不在焉，你可以说："这件事我特别需要跟你好好聊一聊，你介不介意先把手机放下一会儿，专心跟我谈一谈呢？"如果你只需要朋友专注倾听，而对方却一直在给你出主意，你可以说："特别感谢你想要帮我的忙，但是我现在真的只需要倾诉发泄。"当然，如果你真的需要朋友帮忙出主意，也可以直接询问。

你还可以把自己的情绪写出来。无论是写在一个藏在床垫底下的记事本上、一个加密的电脑文件里，还是写在带扣锁的皮质日记本中，写日记都是自我表达的绝佳方法。写日记不但能够帮你淡化诸多强烈的情绪，还可以帮你做决定之前冷静下来。而且，日记还是一个可以帮助你回顾过去的绝佳工具，它能带着你看看自己都经历了哪些事情，又是如何成长的。

体育运动也是一种纾解情绪的好方法。出去快走一圈，不但能令你暂时从坏情绪中抽身出来，说不定等你回去的时候，还能感觉轻松了不少呢！此外，如果你能在散步的路上找到一个愿意陪你走、听你说心事的伙伴的话，那你的心情肯定会大大改善的。

拓展你的朋友圈

仿佛身体和情感的不断变化还不够精彩似的，不少女孩在这个年龄段还会发现自己需要交一群新朋友。

之所以出现这种情况，有时候是因为你升入更高年级了，学校里的人更多了，从前跟你一起玩耍的小伙伴，现在被分到了不同的班级，甚至是不同的学校，你们的时间表也对不上了；有时候是因为你之前的小伙伴开始做一些你不喜欢的事情，你需要为自己重新找一群志趣相投的朋友相处了；有时候是因为你发现自己的兴趣变了，跟老朋友已经没有任何共同语言了……

专家说

诚信可靠是寻找新朋友时必须考量的重要品质。如果你不能信任某人，那么他很难成为你的好朋友。

无论出于什么原因，交新朋友都可能会让你感到焦虑，但说到底还是值得的。

一群真正的好朋友可以支持你走过初中的生活。而且说实话，不断在人生路上结交的好朋友可以陪伴你走过一生的旅程。进入青春期，家人已经不再是你社交圈的核心，取而代之的是你的朋友们。因此，这也是你培养自己良好的交友习惯的好时机。比如，你需要确认一起玩耍的伙伴跟自己的价值观相近，简单地说，就是你看重的事情，你的朋友也同样看重。

如果你觉得很难找到好朋友，也很难维持你和新朋友之间的友谊，你可以试着列个单子，在上面写出自己期待的朋友该有哪些特质，比如说幽默感、喜好一致、脾气平和等。看一看周围有哪些人具备这些品质，兴许某个你平时注意不到的人反而拥有这些特质呢！

有时候，交朋友是一个自然的过程，但是更多时候，你需要通过自己的努力来找到好朋友。对人友善是个好的开始，比如对新环境中的人招手、微笑、开开玩笑。要主动接近那些可能会成为新朋友的人，比如，问问对方喜欢什么，不喜欢什么，最近过得怎么样，或者放学之后都喜欢做什么。

稳固友谊的方法之一，是跟新伙伴一起做些事情。不过，那些不需要双方充分互动的活动是没有办法帮你充分了解自己的新朋友的。你们可以试着一起去逛公园、下棋，或者一起做个小手工。

如果你想要换个朋友圈，可以从交几个新朋友开始。比如，跟新伙伴一起吃午饭，或者在课间的时候聊聊天。通过这种方式，也可以发现你们之间的共通点。

交友技巧

尽管在多数情况下，跟自己关心的人做好朋友是一件很自然的事情，但仍然有一些技巧可以帮助你轻松地学会如何做别人的好朋友。

每个人在跟朋友相处的时候都会犯错，或是在疲惫、生气的时候说一些违心的话，或是善意的玩笑开过了头。为了保证你们友谊的小船不会翻，有个方法你肯定用得着，那就是学会道歉。你要注意的是，“对不起，但是……”这种句式往往不大见效，因为这样一来，你很可能会在后面开始数落对方的不是。这并不是真正的道歉，而是继续争论的开端。

另外一个可以加固友谊的

方式是在彼此的不同意见演化为争执之前，先把事情讲明白。假如，朋友借了你一件毛衣，却没有在说好的日期归还，你最好在他第一次出现这种情况的时候就对他讲明，而不要一直忍到第十次再发脾气。在你说出来之前，他甚至可能都不知道自己的行为会让你不开心。

维持友谊的另外一块重要的基石是对朋友的大事小事都保持倾听。当朋友遇到问题的时候，其实多数情况都不需要你给出建议或者解决方案。他们可能只是需要你认真听听他们的心里话。有时候，这并不像说起来那么容易。有时候，你的朋友可能想要聊某一部你觉得很无聊的电影，但如果你用“真无聊啊！”这样的话来打断对方，朋友可能会因为你的反应而失落，但是下一次对方也这么对你的时候，你可能就感受到他当时心里真正的感受了。如果你真的努力倾听朋友的话，可能就会对这段谈话产生兴趣，然后意识到那部电影一点儿都不无聊！

小贴士

如果你生性害羞，交新朋友比较困难，但是只要做个好的聆听者，你也许不需要主动迈出第一步就能交到新朋友。微笑，同时和对方进行一些开放式回答，问不触及个人隐私范畴的问题，也是令谈话顺利进行的好方式。

当你的朋友处境艰难的时候，你可以主动问问自己能帮上什么忙，帮他们分担一些让他们觉得压力过大的事情。如果你的朋友胳膊骨折了，需要住几天院，你可以提议：“我能帮你去学校拿家庭作业，或者帮你带些杂志来读，这样可以让你不那么痛苦。”

正如你的朋友在遇到压力的时候会期待你能陪伴左右，你在心里难过的时候也会需要他们给予支持。如果你需要帮助，可以给他们打电话。如果他们需要帮助，你也可以去陪他们。你们互相支持，总能一起度过成长中的那些艰难时刻。

身体语言与倾听

跟别人聊天的时候，无论对方是你的朋友、老师、父母还是其他人，表现出你在认真听而不是单单等着自己开口的时机是很重要的。别人说完之后，最好稍等一会儿再开口。不过如果你对话题感到特别兴奋或者紧张，恐怕很难控制自己说话的节奏。

问问题也是一种开展有效对话的好方法。当你想要了解对方要说什么的时候，问问题是很自然的。有时候，你也可以多问几句，诸如："真的吗，之后怎样了？""你当时是怎么说的？"或者："接下来发生了什么？"

尽量不要哼哼哈哈地回应对方，那很容易让人以为你在想别的事情。即使你在用心听，也会给对方一种心不在焉的错觉。如果你希望自己成为一个好的倾听者，还要学会读懂对方的身体语言。你可能已经花了好长时间研究身体语言了吧？如果你的朋友一边哭一边说"我没事"，明显言行不一，这时你最好表达出自己很了解对方的感受，或者把手放到对方肩上，好好安慰一番。

如果你在跟别人说话的时候总是动来动去、左顾右盼，或者一直刷手机，就会让对方觉得你对谈话的内容一点儿都不感兴趣。如果你把手臂交叉抱在胸前，则会让对方觉得你并不想参与谈话的内容，甚至误以为你生气了。

在别人说话的时候，你可以把身体微微倾向对方，同时看着对方的眼睛。不过也别一直盯着对方看，那可能会让人家觉得怪怪的。你只需要自然地望着对方的双眼，让人家知道你在认真倾听就可以了。

心动肯定会来吗?

有时候，父母会给青春期的女孩一些压力，教她们开始用不同的眼光看待男孩，或者建议她们改变跟男孩的相处模式。在人生的这个阶段，你可能会开始暗恋某个男孩，也可能对浪漫的“恋情”毫无兴趣。

青春期是你开始探索人与人的关系，并且进一步了解自己的阶段。不要在人际关系方面给自己太大压力，也不要早早地学着成年人的样子约会。如果你真的觉得某个人很好，可以先试着和对方做朋友。尝试跟对方一起进行各种各样有趣的活动，逐渐了解对方的为人。但两个人一起看电影并不是了解对方的最佳方式，因为会失去大部分的聊天时间。事实上，如果你们能够跟几个朋友一起参加一些团体活动，双方的压力都会比两个人单独相处要小一些。

好消息是，无论你是否对异性同学有好感，无论你是否对青春期产生的心动感兴趣，当你长大以后，这段时间积累的交友技巧都会帮你找到真正值得喜欢的人。

自我激励

进入青春期的你正在经历着人生中的一次巨大的转变。你会有情绪波动，前一分钟特别开心，下一分钟又变得非常难过。除此之外，你还要应对身体正在发生的许多变化，并且了解初中时代的交友规则，这些事情你很难全部掌控起来。

虽然应对这么多的变化对你来说很难，然而适当的自我激励可以让你的日子好过一些。自我激励其实很容易理解，指的是能够感受或者了解自己的优势。

即使了解自身的优势，你还是会遇到重重困难。比如，你脸上的痘痘依然层出不穷，原本被你视为好朋友的人其实并没有真心待你，或者你所在的团队在比赛中落败，等等。

但是，如果你了解自己的优势，你就会明白这些事情。

- 自己对生活中的一些事情是可以掌控的。

- 在需要改变的时候，你可以通过做出改变来克服困难，跃过障碍。

- 当局面无法改变的时候，你可以学会面对现实，保持冷静，而不会因为生活的不完美去责怪自己或者他人。

父母在你还是个婴儿的时候，就开始培养你的自我激励能力了。下面这些建议也可以帮你增强这种令你受用一生的能力：

- 多读书（虚构类作品当然不错，但是非虚构类更好），看看那些跟你境遇相似的人是如何克服困难取得伟大成就的。思考他们得到了哪些帮助，又是如何运用自己的资源和优势的；他们在遇到挫折的时候是怎么做的。

- 跟那些喜欢和欣赏你的朋友保持密切的联系。喜欢和欣赏指的是他们既喜欢你的个性，又喜欢你为人处世的方式。要把这种友谊当作最稀有、最娇艳的花朵来浇灌，因为这样的情谊真的很难遇到。

- 尽量少跟那些总是带给你负能量的朋友相处。可能每个团体中都有这样的人，某个女孩、男孩或者大人总想成为人群中的焦点，而且想让身边的人时时刻刻都能按照他们的意志去行事。一旦没有如愿，他们就会开始生气，让所有人的日子都不好过。这种人往往在刚和你交朋友的时候很有魅力，很有趣，可是你会渐渐发现，每当你们意见不一的时候，对方就会把错推到你身上。

- 学会在适当的时候寻求帮助。没有哪个人可以凡事都只靠自己，更何况，如果生活中无论发生什么事情都自己扛，只会让你感到压力巨大，无法喘息。

● 试试挑战自我，拓展自己的极限。如果你只选自己擅长的科目，或者从来都只参加自己从小玩到大的运动项目，生活虽然可能会显得顺利许多，但是如果不适当挑战一下自己，你是没有办法得到成长的。

● 问问身边的大人，如何把遇到的困难转变成能够帮助你成长的机会。有句话说得好，“那些打不垮你的，只会让你变得更强大”。虽然有些夸张，但是道理是没错的。那些不会让你的身体受到伤害却很难应付的事情，比如父母离婚这样的家庭变故，会让你感到疲惫和悲伤。但是，生活中总有些挑战能够激发你从内心更深处燃起斗志，变得更乐观、更有力量。

文孩说

关于找大人谈心事：如果遇到问题，妈妈可能是求助的第一人选，但是随着年龄的增长，你可能会发现跟姐姐、喜欢的老师、阿姨，甚至爸爸聊心事，也变得很容易！

——17 岁的贝拉

个人原则与个人边界

现在，父母的看护不再占据你生活的大部分时间，他们不在身边时，你要独自决定一些事，所以就要树立自己的原则和边界。

你需要明白的一点是，你只能在经过他人允许后才有资格触碰他们。你的身体属于你自己，别人在你不愿意或者没有得到你的许可时，也不可以碰触你的身体。同样，其他人的身体，包括各个年龄段的小孩子的身体，也都是属于他们自己的，你也不应该在没有得到对方或监护人的许可的情况下碰触他们。这包括那些你个人觉得只算是开玩笑的碰触，像是把某个人扑倒、挠痒痒之类的行为。

尊重他人的身体界限很重要，尊重他人的个人隐私同样重要，这属于个人边界的另一方面。比如，你在得到对方的同意之前，不可以随便翻看别人的手机或者私人物品，也不应该强迫对方聊他们不想说的事情，或者问他们不愿意回答的问题。

你可以把别人的身体、个人空间、私人物品和个人想法当作他们始终随身携带的小房子。就像你不会不敲门，不经过对方的允许就贸然冲进别人家里一样，你也应该先询问对方的意见并且征得同意之后，再谈论这些问题。

第四章

家人的期许和要求：家庭生活

你可能已经发现了，本书有时候会用到“生活中的大人”，“身边的大人”或“监护人”，有时候也会用到更为具体的词语——“父母”。那是因为并不是所有女孩都是由自己的父母养大的。每个女孩的家庭状况都不同，无论女孩们有怎样的成长环境，我们希望她们明白，这本书同样也适用于她们。每个家庭都是独一无二的，重要的是，你在成长过程中有值得信任的成年人。

变化的你，变化的家

即便家庭氛围极好，大部分女孩在进入青春期的那几年，都会说家里变得“怪怪的”。如果你觉得朋友变得更重要了，那也很正常，因为这本来就是成长过程中的自然环节。与此同时，想清楚如何继续和家里其他的人处好关系也是一件重要的事。要记住：家里的状况是可以由你改变的！

我妈要把我逼疯了！

你可能发现了，青春期到来后，自己跟父母或者监护人之间的冲突越来越多，任何一个长辈都有可能让你烦躁。有时候，冲突点在一些具体的事上，像是课外活动、晚上几点之前必须回家、家庭作业、电子游戏，或者电视节目这些小事。有时候，冲突爆发得莫名其妙，父母只要一走进你的房间，你就开始烦躁！这难免让你陷入不安或懊恼，不过它其实是很常见的。孩子一天天成长起来，就应该越来越独立，直到完全自立，不再依

赖父母，独自生活。而父母需要带着爱意养育、教导孩子，确保他们有朝一日能够有能力自立门户。

尽管孩子的目标跟父母对孩子的期许大部分是一致的——在未来的某一天实现独立，但至于如何实现，孩子跟父母之间的想法就未必一致了，冲突在所难免。有的父母相对通情达理一些，有的父母却很难沟通，然而无论父母的所作所为在你看来有多不讲理，你都控制不了他们。不过，你可以控制自己的行为，而控制自己的行为，有时候反而能令家里的气氛缓和起来。以下建议有助于帮助你维护好跟家里大人的关系。

- 保持与父母沟通的习惯。如果你跟父母说了件事，他们却感到大惑不解，甚至把你当作外星人一样，那你很有可能说不下去，进而放弃沟通，转身回房间了。其实，你还是应该再给父母一个机会，跟他们说清楚，你到底是怎么想的，到底想要他们做什么。说的时候可以试着换一种表达方式，问问他们听懂了哪些，再从他们听懂的地方开始继续解释。也许父母永远都没办法完全理解你，但如果你早早就放弃沟通，可能会失去他们给你支持的机会。

- 保持倾听。许多家庭都规定过“谁都不可以摔门走人”。可是一旦因为意见不一致，你就不再听父母在说什么，其实等同于摔门走人，即便谈话表面上还在进行，却没有办法达到相互理解的目的了。

● 要知道，并不是只有言语可以伤人。早上一到学校，就看到朋友冲你皱眉头，这种感觉不好受吧？如果你也朝父母翻白眼、做鬼脸或是皱眉头，那他们也会因为感到不适而做出让你也不快乐的回应。

● 要学会“好好争吵”的规则。女孩们也会跟父母起冲突，这很正常。但是如果你能学会控制情绪、遵守基本的规则，有的冲突还是有办法得到正面解决的。至于要守什么规矩呢，重要的一点就是不要把冲突上升到人身攻击。如果你不小心跟家人讨论问题太过激烈，上升到了争吵的程度，那就提议大家停一停、冷静下来；如果你伤了别人的心，也要勇于道歉。

● 不是什么事情都需要用争吵的方式解决。你并不能顾及万事万物，如果是不太重要的事情，就不需要费半天口舌跟父母争论，可以试着顺从他们的意见。如果你并没有激烈反对父母给你定的所有规矩，那么父母在你提出意见的时候，也会更重视你的看法。

家庭谈判：光说“拜托了”是不够的

为了更好地跟家里的“老板”——你的双亲协商问题，你最好先了解一下他们想要什么、需要什么。

举例来说，女孩跟家长之间常见的争论焦点是晚上几点必须回家的问题。你觉得自己长大了，可以在外面玩到很晚都没问题，但是你的父母却希望你天一黑就回家。

尽管有时候，你可能会觉得父母规定回家时间让你痛苦不堪，还彻底破坏了你的社交生活，但这的确不是大多数父母想达到的目的。他们要么是担心你的安全，要么是担心你回家太晚睡不好，导致第二天没精神学习。所以，问清楚父母到底担心什么很重要，要先听听他们是怎么说的。

为了能更顺利地跟父母谈判，你需要从他们担心的地方开始着手。假如父母知道你参加的活动很安全，适合你的年龄，而且有成年人看管，那

很可能就会放宽时间要求，允许你晚一点儿回家。你可能觉得跟父母报告行程很无聊，但是跟父母说清楚自己要去哪里、干什么，可以让他们少担心你一点儿，也会保障你自己的安全。对于父母提出的建议，要保持开放的心态，尽量跟父母通力协作，一起达成互相信任、透明沟通的目标。

如果你能展现出良好的决断能力和计划能力，父母就很有可能放宽回家的时间限制。比如提前告诉父母，如果自己参加的聚会里有人在喝酒你会怎么办；又或者本来要送你回家的人忽然有事不能送你了，你又要怎么办。

如果你没有好好行使父母给你的自由，他们有可能不再给你更多自由了。你要让父母知道你对自己很负责，也在认真对待跟他们共同达成的意见。比如，父母第一次允许你晚回家，你不但要准时回来，甚至可以提前十分钟到家。

关于跟父母谈判的最后一点建议是，不要临时要求父母改变规矩，也不要当着朋友的面要求父母改主意。私下跟父母谈的效果

小贴士

出门参加聚会，或者从这一场赶到下一场的时候，最好在离开第一场和到达第二场的时候都给父母发条信息。这样既可以让他们随时掌握你的动态，确保你的安全，你也不会因此少玩一分钟。

通常会更好，这样父母可以避免众目睽睽之下的压力，更轻松地跟你谈论问题。

做家务

大部分家庭都对孩子提出过承担家务的要求，小到晚餐之后收拾餐桌，大到打扫卫生，或者帮助家里打理自家的花草。这种期待也可能会变成父母跟孩子之间矛盾的源头，尤其是当女孩们觉得家务已经侵占她们过多社交时间的时候。

幸运的是，总有一些商量家务分配的好办法，可以让每个人都感到自己的部分需求得到了满足。

如果你和父母都为分配家务的事情而头疼，不妨开个家庭会议，好好商量商量。你可以提前为家庭会议做准备，想清楚哪些地方需要父母调整，你又愿意给父母让步到什么程度。如果能找到几种你比较喜欢或者适合做的家务更好，可以作为交换条件，减少其他方面的家务量。比如说，如果帮忙准备晚餐太紧张，让你课后做完消耗体力的运动练习还要忙不迭地赶回家，没有喘息的时间，那就问问父母自己能不能在其他时段帮着做些别的家务。

如果父母批评你家务做得不够好，不妨问清

楚他们希望你怎么改进。然后，你可以试着列个单子，把家务拆解成几个项目，做完一步就划掉一步，确保每一项都完成。

你可以通过以下方式来表现自己可以担负责任。比如，积极主动做家务，完成家庭作业，诚实、坦率地面对生活中的事情，以及主动承担做错事的后果。

专家说

如何与兄弟姐妹相处？

有时候，兄弟姐妹真的很烦人！他们会抢走你的东西，问都不问就跑到你房间来，趁你请朋友到家里来玩的时候故意捣乱。这些都可能惹怒你。你的哥哥姐姐还有可能对你指手画脚，什么都指挥你做。你的弟弟妹妹可能会向你借东西，也可能天天黏着你，你想喘口气自己待一会儿都不行。

跟兄弟姐妹吵架，最麻烦的地方在于，你们吵完架总还要面对随之而来的更多不适。跟朋友吵架的话，你还可以跑回家去，不见对方。但如果跟兄弟姐妹吵架，他们跟你生活在同一个屋檐下，你会觉得自己永远都摆脱不掉对方。

以下建议或许可以帮你维持跟兄弟姐妹之间的和谐关系。

- 趁着还没有吵架吵到失控，自己先出去散个步，或者去别的房间待一会儿。
- 如果你们一而再、再而三地为了同一件

事吵架，需要跟父母谈一谈，告诉他们你到底为了什么烦心。他们很可能会给你一些有用的建议。

● 给自己打造一片“私人领地”。即便你需要跟兄弟姐妹同住一个房间，你也可以布置一片完全属于自己的小空间，哪怕只是占据了卧室的一角也好。当然，你也要注意尊重兄弟姐妹的私人空间，无论是他们自己的卧室，还是你们卧室里的一角。如果你能做到这些，相信你的兄弟姐妹也会渐渐学会尊重你。

● 不要做那些有损兄弟姐妹情谊的事情。不要动手打架或者拿东西扔他们，不要对他们进行人身攻击，学会遵守承诺，不要告密或者未经对方允许乱翻他们的私人财物或个人领域。

● 你要尽力跟兄弟姐妹好好相处。想想有哪些事情是可以跟兄弟姐妹一起做的，一起试试看，留下一些美好的回忆。比如，可以一起把家庭旅行的照片贴到相册上，或者打扫地下室，整理出一处新的可供你们一起玩耍的角落。

女孩说

跟兄弟姐妹和谐相处的好办法：当你们又开始争论的时候，给对方找一件跟你们争执的事情不相干又有趣的事去做。这招是很管用的。

——17 岁的卡洛琳

第五章

不断变化的世界，不断变化的你

你是否还记得第一天上幼儿园的情形？你曾经为自己尿急却不能马上上厕所而着急，也曾经在幼儿园里想家想到哭哭啼啼，当初那个小小的你甚至为自己不能从容地使用小剪刀急得满头大汗。现在，这些困难都被你一一克服了。可是，现实还是有点儿让人沮丧，随着年级的逐渐升高，学校里的新问题也开始层出不穷！

大部分孩子都有为成绩担心的时候，即便是那些名列前茅的好学生也一样。随着年龄的增长，你需要逐渐调整自己对于成绩的看法，尤其是从小学升入初中后，学习的科目变多，评分标准也更复杂起来。成绩就像是有些人不怀好意的发明，成为增加亲子关系问题的一大利器。不过别忘了，成绩是你学习状态和效率的直接体现。父母想要看到孩子在学校里学有所成，只能期待你的成绩能给他们了解你学习质量的机会。当然，衡量你学到了多少知识，其实还有很多其他途径。更何况，成绩这个测量方法本身也不是那么尽善尽美。

其实，成绩只是你在学校课业方面的镜子。所以，假如你觉得完成功课很困难，或者自己需要付出很大努力才能得到其他人好像轻轻松松就能拿到的分数，这些都不代表你不聪明。说简单些，做作业有困难，并不意味着你比别人笨。如果有人要给你扣上笨的帽子，千万不要信以为真。如果学校里的功课对你来说有些困难，也许你在其他方面会有更突出的才能，只是这种才能还没有被挖掘出来，但你要相信自己也是一个非常棒的孩子，你可以凭自己的努力变得优秀起来。

对于女孩来说，小学高年级和初中阶段的确有几个胶着的问题，不过也有许多令人振奋的变化。比如说，你的自主权多了一些，父母或许允许你自己挑选感兴趣的书或课外班。课程内容也可能更丰富了，说不定你可以在课上找到自己真正的兴趣点。你还有机会跟其他同学一起相处、共同学习。你可以好好拓展自己的才能，甚至还可能发现自己以前并没有意识到的新才能！

学习的确是一种技能

尽管有的人天资聪颖功课好，但是只要培养起良好的学习习惯，每个人都可以在学业上取得进步。市面上大量的书籍、课程以及学习网站，可以教你如何提升学习技能。即便你没办法把书上和网上的方法都学会，也可以从以下几个简单的步骤里获益，改进学习方法。

- 最重要的学习技能是先想清楚自己每天的学习内容是什么。你可以用一个小笔记本把作业的内容和要求都记录下来，然后完成一项划掉一项。这虽然听上去并不高深，

小贴士

如果在学校遇到麻烦，你可以通过以下方式来寻求帮助：

- 放学之后找老师帮忙；
- 寻求夏令营里的伙伴帮助；
- 找课后学习小组的成员帮忙；
- 到你们当地社区的图书馆寻求帮助；
- 找家里的大人帮忙。

却是简单有效地提升功课质量的第一步。把所有待办事项列个清单，有助于让思想更集中在题目上，免得把脑力都浪费在回忆作业到底是什么上面。

● 学会预习。预习是为课程做好准备的方法之一。当你走进教室把作业拿出来的时候，就把注意力放在即将学习的科目上，至于其他同学有没有发现你今天的发型特别糟糕之类的小事，就不用太过在意了。你可能会觉得数学课上的内容让你倍感焦灼，但是，如果你早在脑海里为即将学习的内容做好准备，就很容易抓到课程重点，就不会因为要在课上花时间收心而错失课程的精华了。

● 积极主动地对待学习。老师讲课的时候，你要把当前内容跟以往的知识联系起来，还可以跟日常生活联系。在有些课上，你可能还要记笔记，这也是督促自己紧跟课程思路的好方法。

● 如果你没法把注意力集中在学习上，那就用计时器来练习集中精神的技巧吧！如果你讨厌做拼写练习，那就跟自己说，专心做 25 分钟的单词拼写，然后调好定时器投入学习，其他事情都不要管。完成之后，你可以奖励一下自己，休息一会儿，或者看看自己喜欢的电视剧。

● 务必保证充足的睡眠，并记得在上学之前吃早饭。如果家里的环境影响了你的睡眠或者早餐，跟父母聊一聊，或是问问老师有什么解决办法。

● 形成一个固定的学习程序，比如固定的学习场所，把学习用具都摆放在那里，准备充裕的纸张、铅笔，等等。除非某项作业需要用到电脑，否则最好把固定的学习地点安排在不能上网的地方，离电脑越远越好。毕竟上视频网站看别人训练宠物狗玩悠悠球，肯定比做数学题有意思得多。

- 拖延只会带给你更大的压力。有时候任务越难，我们越容易拖延。如果你也遇到了这种情况，把作业拆成几个部分，一次只对付一部分就好。

- 如果你总是在做作业之前沉迷某个网站，下载一个限制浏览的浏览器插件，设定一个时间段，在这段时间里无法访问你常去的那几个网站。这样一来，你就不会费脑子去想自己该上哪个网站去瞧瞧，转而把精力花在即将到来的考试复习上去了。

有学习障碍？要学会寻求帮助

每个人都有自己独特的学习方式。比如，有的女孩看书的时候学得更快，有的女孩通过做实验获得更多知识，还有的女孩听歌或是广播剧时学习效率更高。

但值得注意的是，有的女孩却因为患有学习障碍，学习起来格外困难，很难接收新的信息。如果患有学习障碍，也并不意味着你不够聪明，只是你在学习的时候需要额外的帮助。你可能需要通过药物来缓解部分学习障碍的症状，也可能需要比别人花费多一点儿时间来完成考试，或者需要经过特殊训练的老师来帮你选定最佳学习策略。

一定程度的学习障碍可能会影响你的说话方式，或者令你难以理解其他同学的社交意图，导致你没办法跟他们好好玩耍。比如说，有的人可能分不清楚别人什么时候是在开玩笑，什么时候在说正经事。

家庭跟学校都能通过许多方式，来帮助那些存在学习障碍的孩子获得提升。每个患有学习障碍的孩子都应该有自己的个人学习计划，上面标明他需要学校方面提供哪些帮助。所谓个人学习计划，就是指所有为有学习障碍的孩子提供帮助的人齐聚一堂，探讨出的最佳训练方案。如果你被诊断为患有某种学习障碍，那你也需要亲

自参与到个人学习计划的设计当中。你要跟大人们说清楚自己在学习过程中到底有哪些困难，经过怎样的调整后学习会变得轻松一些。如果你刚刚被诊断出患有学习障碍，可能还需要一个适应过程，但是学会为自己摇旗呐喊，争取自己需要的东西，是获取个人发展应具备的能力，也是每个女孩需要学习的宝贵一课。

如果你的学习障碍影响到某些科目的学习，让这几门功课变得尤其艰难，你就需要关注自身的优势。不要因为自己在某方面的不足，就完全否定自己。有的女孩做数学测试需要很长时间，但她是全年级阅读速度最快的。也有的女孩没有办法跟同学们随意谈天说地，但是她完成作业很快，又或者化学学得不错。

有时候，大人们或一些同学会对你的特殊课程感兴趣。即便他们向你打听，你也不一定要回答。除了那些需要了解情况的人，比如你的老师，还有你随时可以分享心情的一两个好友，你没有义务向任何人解释。如果

你想要跟其他人解释自己的学习障碍是怎么回事，以便让对方了解并为你的学习创造相应的便利条件，那就请个人学习计划的老师帮你写一封短信来说明情况。当然，写了信之后不一定要随时给别人看，需要的时候，你随手拿出来就可以了。

学会跟老师相处

在求学过程中，你可能会遇到一些特别棒的老师。他们很关心你，也能了解你的想法和感受。遇到这样的好老师通常会令学习变得轻松一些，即便学习的过程并没有因此而变得有趣。

然而，你也可能会遇到不好相处的老师。你可能觉得那个老师不喜欢你，不理解你，或者对你过于严苛。有的老师比较平易近人，有的老师却不大讨人喜欢，这很正常。但即便如此，如果师生关系已经影响到你的学习了，你可以考虑用以下方法来改变这种局面。

由于你可以调整的只有自己的行为，那就先从自己这里出发吧！你有没有按时上课？有没有按时完成作业？你对老师有礼貌吗？你不懂的时候主动问老师了吗？如果你并没有做好这些事，不妨先纠正自己的行为。

小贴士

如果你真的不喜欢某个科目，就找个特别喜欢这门课的同学问一问，看看他为什么学得那么津津有味。这不但能让你重新认识这门课，还能让你重新认识坐在自己面前的同学！

如果你发现某些事情会让你的老师特别生气或厌烦的话，你只要不去触碰这些点，就可以轻松躲过雷区了。如果你需要跟老师探讨某件事，应该选课后的时间。大部分老师在私下里都比面对一个班的学生时要放松一些。

有时候，你可能觉得问题出在老师身上，但实际问题可能在于你不喜欢他们教授的科目，或者学起来比较困难。你不擅长某门课程的时候，也应该向老师表明你的确在尽力地学。你可以跟父母聊一聊这些问题，或许他们可以帮你跟老师约个时间好好聊一聊你的问题。

最后，即使你跟老师的关系不太融洽，也并不一定都是你的错或者老师的错，这一点很重要。在这么多老师中，本来就会有的讨你喜欢，有的有距离感，这是很自然的。可能这种情况多少让你有些不适，但你可以从中学到很有价值的经验。一旦发现自己即使不喜欢授课老师也不会耽误学知识，那你自然就可以找出另外一种行之有效的相处模式。

不只有学习，你还有课外活动

通常来说，随着年龄的增长，你会有越来越多的活动可以参加。这些活动有可能是学校组织的，也有可能是社区的。这些都是学习新知识、练习新技能、认识新的小伙伴以及学习团队合作的好机会。

尽管你还是个孩子，处在从孩子到成年人的过渡阶段，但是你的时间也是很宝贵的，你应该出于兴趣自主选择某项活动。当然，无论你参加什么活动，也不一定时时刻刻都开心。比如说，为了篮球联赛需要拉练，就没必要兴奋得上蹿下跳了。再比如说，冬季音乐会临近的时候，合唱团会加大训练量，你可能也不会总是满怀期待。但如果你参加篮球队或是合唱团完全体会不到任何乐趣，那就该考虑考虑自己是不是要退出了。

下列建议有助于提升课外活动的针对性。

- 凡事不能过于追求完美。参加户外活动能帮助提升你的自律能力，同时还可以让你学习如何在面对逆境的时候尽力扭转局面。然而，如果你过分看重成绩、过分在乎胜负，而把享受过程抛诸脑后的话，就会错失许多。生活当中总会遇到很多压力，就不要给自己增加烦恼了！

- 重视作业。老师们都说，课下作业对那些成绩相对一般、学习相对吃力的孩子是很有用的。如果你年纪稍长一些之后想出去兼职，出于对学业的考虑，最好

挑那些工作时间比较灵活的工作，诸如看孩子之类；或者压缩工作时长，比如只在周末或者一两个工作日的晚上工作，每周的工作总时长不要影响到你的学习时间。

● 搭配不同种类的活动。你可以参与一些需要肢体运动的活动，也可以尝试一些更需要脑力的活动。这个阶段，你需要通过尝试不同类型的活动，来发现自己到底喜欢什么。

● 利用课外活动探索未来的职业选择，但不需要急着做出决定。如果你觉得自己想成为医生或者护士，你可以阅读一些简单的医学书籍。（有些国家的医院会招收青少年志愿者入院服务和学习。）不过，如果你在 13 岁的时候受不了医院的味道，也并不代表上大学之后还是受不了。你还有大把的时间可以慢慢成长、仔细探索。

● 如果你想要尝试新的活动，可以打破常规。不一定要擅长某项运动，或者要做啦啦队员才能交到好朋友。你也可以选择加入校报，为年鉴的拍摄掌镜，参与学生会竞选，或者代表学校象棋队去下象棋。

● 给生活里留下一些休息时间。成长很重要的一步，就是跟朋友一起玩，一起闹。每个人都需要一些时间去放松，不一定非要把时间表安排得满满当当，青少年尤其需要空闲的时间来感受成长。

非运动类活动

不喜欢运动吗？没问题，试试下面这些活动吧！

- 给校报投稿。
- 为学校的年鉴拍照。
- 去学校的象棋队或者象棋俱乐部下象棋。
- 参加合唱队。
- 参加戏剧社，参与演出、制作布景或者制作服装的过程。
- 参选学生会。
- 帮忙策划舞会或者其他有趣的活动，有不少学校里面都有社团委员会负责组织这类活动。
- 参加音像视频俱乐部，学着使用和修理电子设备。
- 学习另一种语言和文化，比如参加西班牙语俱乐部。
- 在学校的才艺展上做个相声表演。
- 演奏乐器。
- 志愿做课下辅导者，为需要的同学提供帮助。
- 在学校的运动队上做帮手，帮忙记分或者给教练打下手。

穿衣打扮的秘诀

父母已经开始允许你在衣着上有更多自己的选择了，而你也很有可能正在摸索自己的个人风格。尝试不同的风格，并且摸索出最适合自己的风格，也是一个很有趣的过程。市面上不同风格的衣服，给了女孩们筛选出属于自己风格的机会。有的女孩是时尚迷，她们喜欢那些最潮的风格。有的女孩穿衣风格比较随意，更偏好选择牛仔裤和T恤衫作为日常的着装。而有的女孩则比较传统，想用一种更加成熟的方式来展现出自己的气质。有的女孩从来都是运动裤不离身，哪怕在正式场合也是如此。其实每一种风格都各有所长，但你也要当心着装方面的一些小陷阱。

比如，如果你喜欢破洞牛仔裤，或者是紧身的牛仔裤，这都在向周围的人传递某种信息。同样，如果你日常穿得比较正式，或者比较奢华，那也在传达着某种信息。关键在于，你所选择的服饰应该与你想要传达的信息相符。

当然，我们并不是说，人们通过你的服饰选择和个人外貌来对你做出某些评判是正确的，但是很不幸，人们的确会这样做。所以，在早上穿衣服的时候，不妨问问自己："我的衣服在向人们说明我是个怎样的人呢？"如果你觉得人们可能会从你的衣着上获取关于你的错误信息，那就换一个着装风格，转换一下思路吧！

关于成绩这件事儿，你了解多少？

成绩好说明学到了很多，成绩差说明什么都没学到，正确还是错误？

回答：错误！成绩只是衡量你学会了多少知识的方法之一，但是这个测量方法本身也有欠缺之处。有时候，你在弱势的科目上取得微小的进步，和你在优势科目上拿高分比起来，更能体现你的学习成果。

即使是非常聪明的孩子，有时也会考不好，或在学习上遇到困难，真的还是假的？

回答：真的！成绩单上所展示出来的结果并不能对你到底是“笨”还是“聪明”下最终判定。人有不同的优势。即便学校的功课对你来说并不是那么容易，也许你还没有发现你在其他方面有超乎常人的技能。

如果你某科目考得不好，那就干脆放弃，直接休学好了，反正做什么也改变不了这种情况。正确还是错误？

回答：错误！考得不好不代表你没办法学好那门课，更不能说明你的课业成绩会一直滑坡，毫无起色。跟老师聊一聊，找一找提升成绩的方法。

应该喜欢所有的科目。如果对数学和语文这两门课的喜爱程度不同，说明你肯定存在很大的问题。正确还是错误？

回答：错误！你喜欢一些科目，而不喜欢另外一些科目，这是很正常的。大人们不是从你上幼儿园开始就问你最喜欢哪门课吗？如果你先做自己最不喜欢的那门功课的作业，之后就可以把自己更喜欢的那门功课的作业当作一种奖励啦！

第六章

在真实世界和网络世界里保护自己

我们已经提到过，每个女孩在青春期时都会经历生理和社交的双重变化。在这个阶段，女孩们会与朋友联系得更加紧密，跟父母和其他家人的关系反而疏远了一些。也许跟父母或者是祖父母的关系没有从前那么密切，会令你觉得有些奇怪，但是随着你渐渐长大，依然能够重新找到跟他们建立联结的方式。那时，在你们的亲子互动当中，你就不再仅仅是个孩子了，而是他们眼前的大人了。

今天
随堂测验!
我的天哪!
数学

与成年人沟通

只要有可能，就不要完全把家人隔绝在你的生活之外。也许妈妈并不是你想要抱怨学校里小麻烦的首选对象，不过你还是可以跟她说说这一天遇到了哪些事。这些日常交流能为日后打下根基，将来你需要家人鼎力支持或是建立成年人之间的友谊时，这些交流就能派上用场。

尽管你跟抚养你长大的长辈之间不再像从前那样形影不离，但这并不意味着你在生活中不再或很少需要依靠长辈了。实际上，这个时候有个可以信任、依靠的大人支持你反而更重要。

怎样才能找到既能安稳陪伴你，又能支持你、帮助你成长，令你成为最好的自己的大人呢？其实你生活里有许多这样的大人，老师、亲戚、教练……你也可以跟朋友的父母、姑妈或姨妈、祖父母或外祖父母，或是已经升入高中、大学的哥哥姐姐保持良好的关系。

跟大人交朋友的时候，要注意沟通的方式，毕竟不能像跟你同龄的伙伴那样随意。许多大人不愿意跟社交媒体上认识的青少年交往太深，老师可能也只愿意跟已经毕业的一些学生建立私交，却不愿意跟正在教的学生走得太近。他们不但是为了保护你的隐私，也是为了保护自身的隐私，并不是对你个人有什么偏见。同时，有的大人可能不太愿意跟你发信息讨论安排或交换信息。少部分原因是对方的年龄，多半是因为对方对电子产品并不如你熟悉，你可能无法就最新出的动图、缩略语或简称和他们聊得更开心。最后，当面怎么称呼对方，在信息或是邮件当中也要继续沿用这些尊称。

当你跟大人们建立关系的时候，需要把自己的人身安全考虑在内。这

一点非常非常重要：无论对方的职位是什么，老师也好，医生也罢；无论他们跟你是什么关系，姑妈姨妈也好，朋友的父母也罢，都不能百分百确保跟他们相处绝对安全。有时候，孩子们反而就是被那些应该保护他们的人伤害的。只有对方始终都不冒犯你的个人底线，才会安全。

那些在学校、课外活动当中或者是在家里为你提供帮助的大人，不应该要求你对你们之间的关系保密，并且你同成年人之间的情谊应该与你和同龄人之间的友情感觉起来是不同的。

幸运的是，到现在为止，你已经被提醒了很多遍了，你的身体是你自己的，如果某些肢体接触会令你感到困惑、伤心、不舒服甚至是恐惧，那么任何人都没有权利触碰你。除了在医院接受医生的体检这类情况，没有任何人可以碰触你的私密部位，也就是那些泳衣遮住的部位。即便对方是家里人的朋友、亲戚，或对你非常友善、格外关注你的人也不行，他们无论如何都不可以碰触你的私密部位。如果真的有人想要猥亵你，那并不是你的错。如果有一个成年人随意侵犯你的私密部位，任对方怎么对其他人说，怎么把责任推到你身上，那都不是你的错。如果你遇到这种事，应该尽快告诉父母或者自己信赖的长辈。

女生小团体和坏女孩

棍棒、石头可能会打断我的筋骨，但是言语从来不会伤害到我。

——一句家长惯常引用的假话

你会在某天突然发现，一群所谓“受欢迎”的家伙在学校里横空出世。在小学高年级和初中低年级的时候，学生开始组建一个个小团体。

女孩们会跟其他与自己有着相似兴趣的孩子一起玩，所以到了这个年龄段，一个个小团体就开始形成了。一群有着共同的兴趣，总是一起出出进进的朋友，喜欢收集漫画书或者玩滑板的同好，可能还不算真正的小团体。小团体有一个负面的“规定”，团体内部的个别孩子不让其他同学参加自己团体的活动，更糟糕的是，还伴随着霸凌。

一直到高中都几乎没有受到过霸凌的女孩并不多。你需要记住一件重要的事——当小团体的存在只是为了把别的女孩排除在外时，那它存在的意义就不再是社交了。这样的小团体是为了满足一些女孩对权力和控制的愿望。在这样的年纪，每个人都会缺乏安全感。那些封闭的小团体的“老大”往往是最缺乏安全感的孩子，她们通过控制或孤立别人的方式来让自己心里好过一些。

知道这些道理也没什么帮助，对吧？尤其是大人们建议你“别理他们，只要看到你没什么反应就不会再来笑话你了”的时候，实在是无力得很。

虽然这话适用于大多数情况，最终也许真的会起作用，但是执行起来却实在很困难，尤其是当你不得不跟一个连续用 13 首押韵顺口溜笑话你的人一起等公交车，还很不幸地等了 20 分钟的时候。

女孩之间的排挤行为已经切实地引起了科学家的注意。科学家研究发现，有两样东西能够保护女孩们免受嘲笑的侵害：一是不因为被嘲笑了而觉得自己真的很糟糕；二是有能够支持自己的朋友。

来自同伴的压力

令校园霸凌横行无阻的一大原因在于，同伴带来的压力实在是太强大了。这种压力许多时候并不像电影里演的那样，大家都去做一件事，一个人不做就会遭受谴责。这种压力大多时候是持续的、无形的。你每天做出的许多决定都会受同伴说的话、做的事影响。比如，想想看你是怎么挑选现在身上这套衣服的，也许你会考虑它的舒服度，但更会考虑朋友们对这件衣服的看法。

这也就是大人们总是念叨，不，总是提

女孩说

别人不喜欢你的着装风格怎么办？别理他们。不需要为了他人的喜好改变你自己。

——16 岁的朱迪

醒你仔细挑选交友对象很重要的原因。你朋友的言行、衣着以及学习积极性都可能影响你的言行、衣着等各方面的表现。

显然仔细挑选朋友是避免同伴带来不必要的压力的第一步。除此之外还有许多步骤供你抵御同伴带来的压力。

- 在不是那么重要的事情上，先练习如何拒绝别人的请求。这样可以避免你变得人云亦云。通常来说，如果别人知道你不会屈从于大部分人的选择，就不会再给你施加压力了，否则就显得他们有点笨了。

- 如果你预见到自己会迫于同伴的压力去做自己并不想做的事，那就好好想一想该怎么应对这个情况。也许你还可以请别人来帮你做个角色扮演，提前演练演练。

- 尽量别落单。如果你很难拒绝跟一大群同学一起逃课的话，那就找到另外一个也不想逃课的朋友。你们俩可以共同抵御同伴的压力，做你们认为正确的事比随大流更好。

- 你并不需要仔细解释每个决定。有时候只需要说一句“不用，谢谢”就够了，这就是一种强有力的终止话题的方法。

小贴士

不管对方受欢迎，还是不受欢迎，尽可能对所有人都保持友善。这样一来，无论在课堂里，还是课间活动中，你都能够看到熟人，就很难落单了。

● 如果你很难拒绝别人，那就想一想自己在坚守什么。比如说，不毫无节制地玩游戏就意味着你能有更多时间做更有意义的事。

● 最能够帮助你抵御同伴压力的就是相信自己，也相信自己的能力。当你渐渐发现并且了解自己擅长的事情时，就更能够抵御来自同伴的压力了。因为在这种情况下，你更清楚自己是谁，也更明白自己真正想追求什么。

● 最后，你要记得成年人也有同伴压力，所以即便现在抵制这种压力很困难，也应该锻炼自己学会处理它，这对你的未来很有好处，而且将来也会显现出功效的。

如何保护自己免受霸凌？

有时候小团体或一些控制欲强的女孩的行为不仅让人讨厌，甚至会升级为霸凌。如果学校里其他孩子的言语和行为令你觉得不安全，无论是心

理上还是身体上，都意味着你受到了霸凌。霸凌有很多方式，比如说，别人给你发恶意短信，别人扬言要打你，甚至有些所谓的朋友请你做一些你明知不该做的事情。如果有这些情况出现，你应该立即找到一个自己信赖的大人，如实说出情况。

如果你所倾诉的那个人帮不了你，那就再换一个大人试试看。如果还是不行，那就继续向更多人求助。这可能会很艰难，但是你得知道自己的安全值得你付出这么多的努力，同时你也要知道自己不该在学校里、社区里或是家里过得战战兢兢。

除了找成年人帮忙，你还可以寻求朋友们的支持。不要把自己的遭遇憋在心里。如果有孩子欺负你，他也会欺负别人。你们可以组成一个反霸凌联盟，互相做伴，确保班上的每个孩子都有可以结伴回家的人，还可以在学校餐厅固定一张“安全”桌子，也就是说这张桌子谁想坐都可以。如果这些对你来说都不适用，想想看有哪些办法能派上用场。同时你还要记得，你并不孤独。当你向家人或是朋友求助的时候，也给了他们一个

小贴士

避免因为被人欺负而自怨自艾的最佳方式是把注意力放在自己优秀的品质上，充分尊重自己作为人的价值。挖掘并拓展自己的天赋和技能也会很有帮助，学会积极地跟自己沟通以及积极地自我表达也是有用的。

展现对你的爱和关怀的好机会。

在结束跟霸凌与霸凌者有关的话题之前，我们还要再谈一个话题，那就是你自己不要成为霸凌者。许多霸凌别人的孩子都曾经有过被人霸凌的经历，选择以恶制恶是他们排解自身痛苦的方式。有时候，女孩们可能会觉得自己只不过在寻找一些无伤大雅的乐趣，可是她们却把这种乐趣建立在别人的痛苦之上。

每当你挑战某人个人边界的时候，无论对方是男是女，你都是霸凌别人的一方。正如你有权决定谁才可以触摸你的身体一样，其他人也有同样的权利。并不是只有打架才会构成令人痛苦的肢体接触。亲吻，把别人摁倒，在别人不想的时候去挠人家的痒，全都是不良肢体接触的例子。

如果你的个人边界很宽，那就要额外小心上述情况了。比如说，面对一个比自己体格更大、年纪更长，或者是朋友更多的人，要说出“不要”或者是“停下来”之类的话就更难了。

如果学校里其他的同学似乎害怕你，会绕路躲开你，或者你感觉班里的同学对你的恐惧比尊敬更多，那么你的行为有可能已经陷入霸凌模式了。找一个你信得过的大人问问，看看是不是能够改善这方面的行为，并且得到有关构建健康友情关系的指导。

有时候，也许仅仅是因为你喜欢跟那些爱折磨人，或者嘲讽人的伙伴玩耍，才会显得像个霸凌者。一旦目睹别人以恶劣的手段对待其他同学，你自己做起类似的事来也就容易了许多，向老师或者你信得过的大人寻求帮助，设计出一个既能远离恶劣行为，又能改变有同样行为的同学的方案。

人身安全：保护好个人边界

听大人们一直说外面的世界多么危险实在是很无趣。说实话，并不是所有地方都很危险，也不是什么人都想要谋害小孩或青少年。不过，为了自身的安全和安稳，你还是需要拥有一些特定的、用来区分安全或不安全行为的技能，同时你需要在自己和外部世界之间划定明晰的界限。

大人和孩子都有可能犯的错误是未经允许查看别人的私人信息，这是侵犯他人个人边界的行为。如果你的朋友拿起你的手机，看了你的短信，他们的行为就越界了，因为这并不是尊重你隐私权的表现。你可以告诉朋友，这种行为你是不接受的，而且在别人看个人邮件、短信或者社交媒体私信的时候，你应该避免在旁边探头探脑的，好让生活中的其他人感到安全。即便你担心朋友在你背后说了什么，或者做了什么，未经许可阅读他们的私人短信，也只能损害而不是增进你们的友情。如果你可以直接把自己的忧虑说出来，哪怕对方的回答会令你伤心，你也能够更清楚对方是什么意思，再做自己的打算。

出门在外的时候，总有些办法可以让你跟别人保持距离。比如说，你不会跟陌生人多聊天，也不能随意上一个你不熟悉的人的车，更不能接受不认识的人给的礼物。你还得保证不把个人信息泄露给不相关的人，这也适用于电子信息，比如在网上填写比赛报名表或是发布个人信息等。

如果放学之后或是父母上班的时候你一个人在家，最好不要告诉很多人。如果有人自称警察或天然气维修工要你开门的话，一定先打电话与父母核实情况，不要贸然开门。但凡有疑虑都不要开门，只要告诉访客晚点儿再来就可以了。

好好经营自己，好好保护自己

当你听到大人说“嗯，那个人名声好得很啊”时，这可能不是在说什么好话。但是，就像会渐渐在其他同学眼里树立起自己的形象，你也可以通过日常的行为来营造好的名声。尽管你并不能控制别人对你的评价，但是，你还是可以通过许多方法打造自己的名声，并且好好捍卫它。

为什么要在乎自己的名声？好名声之所以重要，是因为它是让别人信赖你的基石。成年人以及朋友们会把名声好的女孩当作有责任感而且能对人有所帮助的人，而很少会认为她的言行会出现大的偏差，因而名声好的姑娘是有优势的。

打造好名声的关键就是要让周围的人看到自己优秀的品格。好品格包含很多方面，但是其中最重要的是下面这些。

- 对朋友、家人以及其他长辈真诚。当你的所作所为引发负面后果的时候，保持诚实就更重要了。

- 行事要负责任，即便是完成起来很困难的事，一旦你答应了别人，就要坚守诺言。

- 在想要做别的事情的时候，发挥自制力，把看似无聊的任务做完，好比说先写完作业再去玩，从长远的角度来看对你有好处。

● 重视自己身体的感受，在此基础上再做出相应的决定。如果你感觉身体承受的负担太大，跟朋友或者能给你支持的大人聊一聊，请他们帮你想想缓解压力的办法。

上网也要学会保护自己

网络是一个神奇的地方。在网上，你能够跟朋友还有住得远的家庭成员沟通，能够获取更多有关自己爱好与兴趣的信息，能够玩游戏，可以学一些小技巧、小知识到朋友面前露一手，还可以看搞笑视频。

你需要永远牢记、万万不可忘记的就是，你在网上发布的任何一条信息都不可能是完全私密的。

在发信息或者图片之前问一问自己:“如果全世界都知道我将要说的话，或者看到我将要发的图片，我能不能接受呢？这些内容如果并不仅仅是被我发送的对象看到，而是全世界，包括我的家人、老师、校长、每一个朋友、4 岁时候的保姆，乃至完全陌生的人都能看到的话，我该怎么办呢？”

即便是被你发送到那些所谓匿名应用程序里的内容，或者是被人观看之后会自动消失的视频，也不一定是完全隐秘的。任何东西都可以通过手机截屏或者录屏保存下来，一旦它们被发到网上，就等于完全曝光了。你等于是对这些内容彻底失去了掌控，任何人都可以分享或者是传阅这些信息。在你点击发送键之后，就等于制造了一个电子踪迹，而这条踪迹能够跟着你很久很久。

哪怕电子踪迹并不是你有意地制造出来的，也有可能会给你带来麻烦。

你分享照片的对象是自己最好的朋友，对方永远都不会背叛你，也不会在未经你许可的情况下，私自把你的照片分享出去的。但万一他们把手机落在学校了，照片到了其他人手上怎么办？哪怕只是你早上睡醒了以后，头发乱蓬蓬的、傻乎乎的照片，你也不想全世界都看到吧。

你还要记得一点，在网上遇到的人基本上都是陌生人。而你所信赖的家长都曾经警告过你要当心陌生人，对不对？如果你在现实生活中并不认识的人在网上联络你，提出想要见面的要求，你应该跟自己信得过的长辈聊一聊。人人都可以在网上说自己是个小孩，甚至还可以用别人的照片来捏造出一个假的个人简介。

你玩线上游戏的时候会随机遇到其他玩家，要格外小心自己的网络昵称不会泄露任何信息。同时要确保自己在游戏的界面当中，非常清楚如何举报侮辱性的信息，或者是网络暴力的言论。

在分享个人资讯时要慎重，你的位置信息可能在你登录不同的社交媒体网站的时候就暴露了；而自己一个人在家这件事，你一旦发布了“全家都出去了，就我一个人在家看恐怖片，好害怕，好害怕”这种内容，也会给别人盗取你更多信息的机会。只要你分享的对象有手机或是可以上网的话，你都要格外当心。

尊重朋友和家人在社交媒体上的个人边界也非常重要。事先问一问朋友能不能把他们的照片圈出来，能不能显示他们所在的位置，同时也要小心对待你在他们留言板上写的信息，或在他们自己发的或转发的帖子下面回应的内容。

另外一点就是要设置相对难猜的密码，并且经常更换。要想设一个好记的密码，那就用一整句话吧，包括标点符号，甚至可以把其中的一些字母换成数字，比如“Il0vemyd0gFid0”就比任意的数字排列更容易记，但是比起你的生日来，就比较难被人破解出来了。

永远都别用你的生日或者名字做密码。

网络暴力

网络暴力是一种利用电子技术，如手机、电脑或其他任何可以用来上网的设备进行欺凌的行为。网络暴力跟面对面霸凌都是恶劣行为，不过有时候网络暴力更可怕。

- 任何时候、任何地方都有可能发生网络暴力。即便那个欺负你的人离你很远，你依然可能会觉得害怕或是感到受了威胁。
- 在电子世界里，信息可以瞬间就被传播得很远、传播得很广。
- 网络暴力可以令校园霸凌的情况变得更可怕，因为它可以将校园霸凌渗透进你生活的分分秒秒、方方面面。
- 参与网络暴力的人无须看到自己霸凌的对象长什么样子，这导致霸凌的行为更容易失控。

● 在网上发布匿名信息很容易，躲在假的个人账户后面也很容易，所以霸凌者不需要为自己的行为负责。

那么，你要如何应对网络暴力呢？受到网络暴力跟在现实生活中被霸凌是一样的，要记住，这并不是你的错。如果你想要保护自己以及自己在乎的人，可以参考以下建议。

● 说出来。如果有人威胁你，散布你的谣言，把你的个人信息公之于众，转发你所发出的内容或是参与了网络暴力的话，有条件的情况下，你要立刻把那些网络暴力的内容截屏存证，随后以违反“服务条款”为由，向应用程序或软件方举报。在大多数以你的同龄人为主要目标群的应用程序当中，举报选项在界面上应该是很好找的。你还可以屏蔽那个参与网络暴力的账号，随后立即把这件事情告诉自己能信得过的大人。信息和八卦在网上传播得很快，所以立即采取行动是非常重要的。

● 要保护个人信息。你要设置有效的密码，在公用电脑上登录后，一定要记得退出账户。这也要求你不要迫于压力分享任何你原本不想要、不愿意让全世界都知道的照片或是资讯！

● 你也不要参与任何形式的网络暴力，并且为保护其

他的孩子免受网络暴力侵害而尽一份力。因此，当孩子们在你面前打架的时候，不要掏出手机录像，你应该找大人来拉架！

● 如果有人发布了其他人的隐私或是对其他人不利的内容，不要点赞，也不要分享。如果你知道某个人的个人账户是伪造的，而且他用这个假冒账户施行网络暴力的话，把这件事告知自己信赖的成年人来处理。

无论是成为网络暴力的施暴人还是受害者，都有可能在很大的程度上影响你的前程。有些受害者被迫转学、彻底关闭所有社交账户。有些施暴者被学校开除，甚至进了监狱。所以，请务必保障自己在网络世界的安全。

暂时脱离“屏幕生活”

只要有智能手机在手，那么整个世界都在自己的指尖，这其实挺美妙的。妙就妙在只要需要，无论何时，你都可以联系到任何要联系的人！

尤其是当你走进青春期的时候，当你开始在家庭关系之外建立社交网络时，社交就变成了你日常生活的重心，几乎近似于你的一份工作了。虽然这工作很有趣，但仍然只是份工作。如果你一周 7 天、每天 24 小时都在用手机，而且时时刻刻都在线的话，就相当于整天都在工作了。即便是神经外科的医生也有休假的时候，对吧？

以下建议有助于你掌控自己，不被电子产品掌控。

● 要跟朋友有面对面的交流，而不是只在手机或是电脑上聊天。通过打字聊天可以让你有时间仔细思考整个互动的过程，还可以想清楚对方会如何理解你的话，并且预见这些话会令对方如何看待你。但是面对面、实打实地聊天更随意，也更有趣呢！

● 晚上把手机设置成飞行模式，或者打开免打扰模式。如果你担心会遗漏紧急来电，可以在免打扰模式下设置指定联系人来电。

● 每隔几天就让自己空出一整天不看电子屏幕。你有权利享受一些自我的时间，并不需要对所有人都有问必答、及时回复。也许偶尔不见踪影反而能为你带来一丝神秘呢！

● 如果你觉得自己需要更多不接触电子屏幕的时间，但是很难脱离电子设备的话，就把父母或者信得过的大人也变成自己的“同盟军”。在家里设置一个电子设备“集装箱”，上床睡觉或者做家庭作业之前，你可以把手机和平板电脑都放进去。如果你有一篇大论文要写，而且已经在网络上做好调研了，可以请家里的大人做你的断网监督人，还可以暂时变更上网密码来帮助你专注完成任务。

社会学家已经对社交媒体如何影响我们的感受做了研究。研究表明，使用社交媒体时间最多的人实际上是最寂寞的。研究者认为，使用社交媒体虽然感觉像是在社交，但实际上不具备跟人在真实生活当中往来的任何特质。这就如同你在特别饿的时候吃棉花糖，而不是坐下来吃一顿实实在在的饭。只要你选择有质量的相处，而不是看重相处的时长，就可以避免这种情况。与其在每个社交媒体网都有账号，倒不如挑选一两个最合意的，并且把线上好友都限定在真实生活当中有接触的朋友的范围内，不加那些你只见过一两面的人。使用社交媒体来安排真实生活中的活动，而不把它作为真实生活活动的替代品。

● 试验一下，跟朋友一起去听音乐会、去看电影或者出去玩，但是不拍照，也不发到社交网络上去。这是种全新的体验，你可能会获得全新的美妙感受。

第七章

由混乱
席卷来的压力

每个女孩的头脑和身体都跟别人的不一样。实际上，这些不同之处正是成就你的关键！而正因为每个女孩都是不同的，所以每个人都有自己的优点和缺点，也都有自己擅长和不擅长的事情。有些事情你在她们做作业的时候就可以发现。比如，有的女孩文笔好，写十页论文不在话下，而有的女孩却觉得写小作文也是个很大的挑战。你也有可能在运动的时候发现一些差异，有的女孩即便不费力也能在运动上得心应手。

不同的身体，不同的观念

有些差异体现在女孩的身体机能上。比如说，有些患有注意缺陷障碍伴多动的女孩，让她们坐着不动和集中注意力都有困难。为了能在学校好好表现，她们可能需要借助某些药物，才能集中注意力并完成功课。如果你也是这样的情况，一定要明白这不代表你的头脑有问题，只不过是你大脑的运作方式跟别的孩子稍有不同而已。

有些孩子在理解别人说的话方面有困难，或者不知道如何交朋友，也不明白如何跟他人交谈。有这种情况的孩子大脑运作方式比较特殊，他们可能患有自闭症。他们可能需要服药，或者要按照特定的方式学习或者了解信息，又或者他们需要上特殊的学校，以便他们可以按照自己需要的方式进行学习。

这些头脑与身体方面的异常不一定会给人带来压力。当差异的确引发压力的时候，通常是因为在外面更大的世界里，人们没有花时间想一想自己该怎样尽一份力，确保他们能顺畅地接受这些有些不同的人。

例如，有些女孩身体上或许有残疾，通过轮椅代替双腿行走。如果残疾者住的房子都在同一层，有无障碍通道互连，她们四下活动就比较容易。但如果她的学校各处台阶很多，那麻烦就来了！

显然，令她感到有困难的并不只是轮椅，还有学校里比较缺乏考量的建筑设计。

如果你因为自己头脑与身体的与众不同而感到有压力，需要告诉自己，每个人都有自己的挑战要面对。无论外人看起来多么正常，实际上没有人的头脑或者身体是完美的。地球上的每个人都会经历挣扎，所以你一定要花时间了解其他人，你会明白自己并不是特例。

如果你跟身体或头脑与他人不同的女孩同班、同乘一辆公共汽车或者同住一个社区，该怎么办呢？这并没有什么交往的一定之规，毕竟每个女孩都是独立的个体，大家的情况也各不相同。只要想一想你自己需要得到怎样的对待，然后推己及人就好了。如果你觉得那个女孩可能需要帮助，可以问问她你能帮什么忙，务必仔细倾听对方的回答，不要想当然地假定你能做什么，或是不能做什么。

你很清楚忽视或嘲笑那些有差异的孩子并不会让你自己或是让对方感到愉快。每个人都有自己的感受，每个人都想交到朋友，也想得到别人的喜欢。如果你稍微多花一点儿心思去跟这些孩子交朋友的话，你会发现最终从这段友谊中获益最多的反而是你自己。

搬家

搬家有可能是你生活中遇到的相当有压力的事情了。当你的父母第一次告诉你你们要举家搬迁的时候，你有可能会非常生气。你可能需要一段时间接受这件事，几天后，你可以考虑考虑有哪些方法能令你对搬家转念，觉得这是对你和家人有好处的事。下面介绍一些初步的方法。

● 在网络上搜索即将搬去的城市。看看你的新家附近都有些什么，畅想一下你可以在新家附近做什么以前没做过的活动。网上一些功能很强大的地图可以让你 360 度感受一番新街道、新社区和新城市。

● 在网络上查查你的新学校，看看能不能记住老师们的名字和照片。你也许会成为那个第一次见到老师就能喊出他名字的转学生啦！

● 计划一下你想要怎么装饰自己的新房间，甚至你也许还可以尝试一下自己近来考虑过的那种偏成熟的风格。

● 如果你们打算夏天搬家，提前问问你能不能加入当地社区的运动联盟，到当地的社区中心去参加活动，或者是到当地图书馆认识新伙伴。这样的话，你就不必等到新学校开学才开始交新朋友啦。

搬家和生活中的许多事一样，有好处，也有坏处。坏处你可能在知道搬家的时候就想到了，那么下面就罗列一些搬新家的好处吧，你可以记在心里。

● 这是一个重新打造自己的机会。新学校里面没有人认识你。没人知道你曾经把重要的比赛搞砸了，在走廊里摔倒了，或是在一年级参演学校舞台剧的时候把所有台词都忘了。你可以照着自己想要的形象，从头开始打造自己的新名声。

● 你可以结交新朋友。自己小心挑选，你可能会遇到能帮你渡过成长过程中种种难关的朋友。

● 这是个跟你父母和兄弟姐妹变得更加亲密的机会。由于他们将是你初到新城市后仅存的熟识之人，利用这段时间多跟他们相处吧。玩玩游戏、探索新邻里社区，跟那些最爱你的人建立联结。

搬家公司

父母离婚了

尽管父母离婚可能不会像电视上演的那么戏剧化，但是的确会为孩子带来不少困扰。如果你的父母要离婚了，那么你一定要明白最重要的一点：这从来都不是你的错。离婚是成年人因为他们自身的原因而做出的选择。即便你努力在父母面前把自己变得非常完美，再不嘲笑自己的妹妹，又或是你因为父母离婚自暴自弃，甚至给妹妹带来不该有的痛苦，都没有办法改变父母离婚的决定。

父母离婚是孩子们面临的最有压力的事件之一，但是有很多方法可以让这种情况变得尽可能简单。以下是几点建议。

- 如果父母之间无法和谐相处，和你的父母商量一下，如果他们非要争吵，就选你不在场的时候。
- 接受那些终将发生的改变。你也许会转学甚至搬家，但当着眼于积极的方面时，你就可以很快适应新的生活。
- 当你的家庭分割为两个家庭之后，他们可能会面临一些经济上的问题，之后，你可能需要改变自己的消费习惯，也要调整在某些特殊时刻对礼物的期待。
- 找人聊聊。当你为父母的离婚而苦恼时，不要隐藏你的情绪，总会有人在乎你，并且希望给你帮助。

专家说

父母分手之后，孩子总会来回奔走，你可能需要适应两个家，甚至当下或是之后还要面对继父继母或者继兄弟姐妹。这些都有可能非常困难，尤其在刚开始的时候。如果你适应起来有困难，跟父母直接沟通是很重要的，不要通过使坏来发泄自己的情绪。虽然使坏有可能令你得到自己想要的关注，但那是负面的，而不是正面的关注。

我的“高压”家庭

每个家庭都有压力，不过有的家庭压力却比其他家庭的大许多。比如说，有的家庭面临流离失所的困境，或是非常贫困，再不然就是家人有行为问题，等等。

在这些情况下，有时候即便家长十分尽力，也很难对孩子投入最大的关注。有时候这些家长需要外界的帮助才能成为自己期待的那种父母。

如果家人当中有人令你害怕，或者他们不能满足你的基本生存需求，像是没办法提供足够的衣物、食物或者没办法带你去看病等，又或者你的家庭在某方面承受着巨大的压力，那你一定要找人聊一聊，这很重要。你可以去找学校里的指导老师。可能开口请求别人帮助很难，但同样这样做也很勇敢。通常承受巨大压力的家庭都会有很多的长处，生活在其中的人只不过是需要一些帮助，让自己回归生活正轨而已。

第八章

为你的未来做好准备

课外兼职是能够帮助你拓宽视野、赚零用钱，同时探索未来的可能性，为未来做准备的好方法。尽管你还太小，不能到商店或者餐馆打工，也不能像国外电影里的孩子一样，通过帮邻居除草，铲雪和照看孩子挣得零花钱，但仍然有不少适合你年纪的工作可选。比如，帮父母做一些家务，或者做志愿者。

了解赚钱：有关课外兼职

在征得父母同意，或确认工作来源和环境安全后，通过课外兼职，你可以有这些收获：一是学会对你所做的工作负责；二是尽可能好地完成工作；三是体会到赚钱有多辛苦，这能令你好好感受并感激父母给的一切；四是有钱去看场电影或者做其他自己想做的事情。

存钱、花钱以及其他艰难的决定

做一些小兼职的好处之一就是可以存下些钱。当然，你可以把自己赚的一部分钱放到一个特定的账户里，等着将来上大学或买自己的笔记本电脑的时候用，你也可以攒钱买些你需要或者想要的小东西。

花别人的钱很容易，你只需要走到商店里，挑自己想要的东西，然后父母掏出信用卡一刷，那东西就归你了。然而，当你花自己赚的钱时，买东西的感受就不一样了。当你为买东西攒钱的时候，就能够感受到花钱买昂贵的东西究竟有多大分量。你有可能会发现自己不仅仅是在花钱，同时还付出了赚钱和攒钱的努力。想要买那双自己喜欢的鞋子，可是要修剪 25 块草坪呢（一些国家的青少年可以做帮人修剪草坪的兼职），值吗？答案取决于你的个人看法。你可能会更喜欢也更重视那双鞋了，你也有可能发觉那双鞋一点儿都不值得！

小贴士

与其把钱花在糖果和其他小东西上，还不如攒钱买个你想要的大件。如果你攒够了钱买了第一台属于自己的电脑，肯定会被朋友们羡慕的。

探索职业方向

参与常规学校课业以外的趣味活动有诸多好处，其中之一是让你更加清楚自己擅长什么和喜欢什么。这些东西可能跟你常规的课业没有关系。你也可以接触更多的成年人，了解更多职业的信息。

除了课外活动，你还有很多其他途径了解不同的工作。比如，如果你觉得自己喜欢

园艺，却根本没有机会认识园艺师，周围的人除了偶尔种种仙人掌再无其他喜好，那就试着找一本与种植郁金香相关的书，或是请大人或老师帮你在网上找些相关的资料。此外，有些学校的网站也为学生们准备了基础的职业介绍。

即便当下对于要做哪种工作，你脑子里并没有什么概念，那也不用担心。思考一下自身具备哪些才能、做什么事情可以激发相关才能，对于未来择业会有所帮助。同时，在学校好好表现并且积极参与课外活动也是很好的开始。

如果你对自己长大后想要从事的工作有些概念，那不错，但是经常挑战不同的想法，寻求最优选择也不错。有好多人都已经长大成年了，也还没有搞清楚自己想做什么呢。

大学，我来啦（当然，这得过几年）

你可能已经在设想大学的生活了，但也有可能完全没有考虑过。现在还早呢，所以尽可能对一切可能保持开放的心态。即便你的家人都没上过大学，或是家里没有很多钱，但你仍然有获得接受高等教育的机会。尽管并不是每个人都要念大学，但是大学的确能帮你开阔眼界，还能把一些你之前不知道的职业带到你眼前。再说，接受良好的教育不但能帮你找到一份薪水更高的工作，而且还能为你提供更广的职业选择范围。

然而，大学文凭并不是帮你找到自己喜爱工作的唯一途径。有一些

工作需要经过特殊训练，但是这些训练大学里没有。如果你要做诸如管道工之类的工作，是需要经过学徒制训练的。学徒制指的是你需要花时间跟行业中有经验的人学习，在工作实践中而非教室里学习。通常来说，比坐办公室的工作耗费更多的体力。你更多地使用身体。如果你是那种喜欢在户外待着或是偏爱动手建造或修理东西的女孩，不妨了解一下那些需要训练才能从事的工作。等你长大成人之后，会感激当年的自己在探索了所有感兴趣的行业后，才做出关乎一生的决定的。

你要知道的事

上大学不一定会让你未来拥有巨额财富，但它一定会是你的一笔人生财富。

结语

你已经成长了许多，也许从你开始读这本书到现在你也有了更多成长，但你未来的成长路还长。尽管成长有时候很艰难，但你要记得自己一生只会经历一次青春期。要知道，成长中经历的好的、坏的、开心的、伤心的……你所经历一切的一切都塑造了你，为你最终成长为什么样的人打下了基础。

最后你要明白，没有一个女孩是完美的！

有的女孩可能喜欢玫瑰，也喜欢粉色的公主 T 恤，而有的女孩却觉得粉色公主 T 恤简直可怕。有的女孩喜欢打架子鼓，有的女孩喜欢吹长笛。有的女孩不喜欢把自己搞得脏兮兮的，有的女孩却觉得弄得一身泥特别爽。这些选择都没问题，因为什么样的女孩都有！

要尊重自己的内心，而且要多对自己说鼓励赞美的话。你正在成长为坚强而美好的女人，所以不要忘记对自己的成长表示祝贺！